José Roberto Machado

Administração de Finanças Empresariais

QUALITYMARK

Copyright© 2014 by José Roberto Machado

Todos os direitos desta edição reservados à Qualitymark Editora Ltda.
É proibida a duplicação ou reprodução deste volume, ou parte do
mesmo, sob qualquer meio, sem autorização expressa da Editora.

Direção Editorial	Produção Editorial
SAIDUL RAHMAN MAHOMED editor@qualitymark.com.br	EQUIPE QUALITYMARK

Capa	Editoração Eletrônica
EQUIPE QUALITYMARK	CUMBUCA STUDIO

1ª Edição: 2002
2ª Edição: 2004
3ª Edição: 2014

CIP-Brasil. Catalogação-na-fonte
Sindicato Nacional dos Editores de Livros, RJ

M131a

    Machado, José Roberto
    Administração de finanças empresariais / José Roberto Machado. – 3. ed.
– Rio de Janeiro : Qualitymark Editora, 2014.
    236 p. ; 25 cm.

    Inclui bibliografia
    ISBN 978-85-414-0167-8

    1. Administração financeira. 2. Administração de empresas. I. Título.

14-12786   CDD: 658.15
     CDU: 658.15

2014
IMPRESSO NO BRASIL

| Qualitymark Editora Ltda.
Rua Teixeira Júnior, 441 – São Cristovão
20921-405 – Rio de Janeiro – RJ
Tel.: (21) 3295-9800 | QualityPhone: 0800-0263311
www.qualitymark.com.br
E-mail: quality@qualitymark.com.br
Fax: (21) 3295-9824 |

"Somente os fracos se deixam derrotar sem luta, esperança, e principalmente, fé.

Quando a sombra parece obscurecer nossos horizontes, vislumbramos a luz.

Quando as forças parecem nos deixar, reerguemo-nos na coragem.

Quando as dificuldades nos apresentam, lutamos com mais garra e trabalho.

Quando um sonho termina, alimentamos outro.

Acreditamos no agora, feito de dedicação e esforço.

Acreditamos no futuro, porque não há nada que possa deter aqueles cujos corações estão voltados para o bem, a justiça e totalmente para Deus."

AGRADECIMENTOS

À minha esposa e filhos, cuja ajuda e compreensão inestimáveis tornaram possível este momento;

Aos meus colegas acadêmicos, que com suas valiosas sugestões e recomendações, enriqueceram o presente estudo;

Aos meus alunos, que são uma fonte permanente de incentivo à pesquisa;

E, finalmente, a todos, que de alguma forma contribuíram para a conclusão deste trabalho.

José Roberto Machado
Linha Direta com o Autor
jrmachadoadm@uol.com.br

Apresentação

A competitividade dos tempos modernos, regida como nunca pelas leis do mercado, exige que as empresas aprimorem e administrem seus recursos de forma eficiente e segura. A continuidade do empreendimento e a satisfação dos proprietários, financiadores e investidores estão em razão direta de sua gestão financeira.

Não se concebe, atualmente, empreendimentos sem resultados, mantidos por motivos diferentes de sua rentabilidade. A própria nação dependerá de sua capacidade contributiva para assegurar sua participação nos programas nacionais e sociais. Seus empregados, igualmente, somente terão garantia de seus empregos se o empreendimento for sadio. Em síntese, uma boa gestão financeira é fundamental.

A proposta deste livro é enfocar os principais temas da administração financeira de forma extremamente prática, oferecendo recursos que possam ser utilizados por estudantes, administradores financeiros e profissionais de outras áreas da empresa.

Trata-se de um manual de finanças empresariais, cuja proposta é dar suporte às principais decisões financeiras que fazem parte do cotidiano das organizações.

O autor

Sumário

Capítulo 1
O ADMINISTRADOR NO CONTEXTO DAS FINANÇAS EMPRESARIAIS 1
1.1 – Definição de Finanças 2
1.2 – Evolução Histórica da Administração Financeira 2
1.3 – Funções do Administrador Financeiro 6
1.4 – Administração Financeira e Áreas Afins 8
1.5 – Objetivos da Administração Financeira 11
1.6 – Custos de "Agência" 12

Capítulo 2
VALOR DO DINHEIRO NO TEMPO 15
2.1 – Introdução 16
2.2 – Juros Simples 16
2.3 – Juros Compostos 19
2.4 – Operações de Juros Através de Calculadora Financeira 20
1.5 – Amortização de Juros – Modelo *Price* 22
2.6 – Taxas Equivalentes 24

Capítulo 3
ANÁLISE FINANCEIRA DE DEMONSTRATIVOS CONTÁBEIS 31
3.1 – Introdução 32
3.2 – Demonstrativos Contábeis 32
    3.1.1 – Balanço Patrimonial 33
    3.1.2 – Demonstrativo do Resultado do Exercício 38
3.3 – Análise Vertical ou de Estrutura 40

3.4 – Análise Horizontal ou de Evolução 41
3.5 – Índices Financeiros 42
3.6 – Utilização da Informação Contábil 49

Capítulo 4
CAPITAL DE GIRO OU CAPITAL CIRCULANTE 51

4.1 – Introdução 52
4.2 – Ciclo das Operações Circulantes 52
4.3 – Capital Circulante Líquido – CCL 54
4.4 – Investimento em Capital Circulante 56
4.5 – Estratégias para Administração do Capital Circulante 56
4.6 – Necessidade de Capital Circulante 60

Capítulo 5
FONTES DE FINANCIAMENTO DE CURTO PRAZO 63

5.1 – Fontes Internas 64
    5.1.1 – Contas a Pagar 64
5.2 – Fontes Externas 64
    5.2.1 – Desconto de Duplicatas 64
    5.2.2 – Empréstimo com Garantia de Caução de Duplicatas 65
    5.2.3 – Empréstimo em Moeda Estrangeira – Resolução 3844 do Banco Central do Brasil 65
    5.2.4 – Vendor *Finance* 65
    5.2.5 – Compror *Finance* 66
    5.2.6 – Empréstimo com Garantia de Nota Promissória 67
    5.2.7 – *Hot Money* 67
    5.2.8 – Penhor Mercantil 67
    5.2.9 – Empréstimo com Garantia de Alienação Fiduciária 68
    5.2.10 – *Commercial Paper* 68
    5.2.11 – *Factoring* Fomento Comercial 69

Capítulo 6
ADMINISTRAÇÃO DO DISPONÍVEL 73

6.1 – Introdução 74
6.2 – Motivos da Existência de Saldos de Caixa 74
6.3 – Ciclo Operacional e Ciclo Financeiro 76
6.4 – Estratégias para a Administração das Disponibilidades 77

Capítulo 7
ADMINISTRAÇÃO DE DUPLICATAS A RECEBER 83

7.1 – Introdução 84
7.2 – Seleção de Crédito 85
7.3 – Política de Crédito 86
7.4 – Desconto Financeiro 87
7.5 – Risco na Concessão do Crédito 88
7.6 – Política de Cobrança 88

Capítulo 8
GESTÃO DOS ESTOQUES 99

8.1 – Introdução 100
8.2 – O Processo Produtivo 100
8.3 – Importância dos Estoques 101
8.4 – Fatores que Influenciam os Investimentos em Estoque 103
8.5 – Custo de Estoque 103
8.6 – Retorno do Investimento em Estoque 104
8.7 – Nível Ótimo de Estoques 104
8.8 – Administração de Recursos Materiais 105
8.9 – Métodos de Avaliação de Investimentos em Estoques 106

Capítulo 9
PLANEJAMENTO FINANCEIRO DE CURTO PRAZO 115

9.1 – Orçamento de Caixa 116
    9.1.1 – Fluxo de Caixa Integrado 118
    9.1.2 – Fluxo de Caixa Operacional 125
    9.1.3 – Controle das Disponibilidades 127
    9.1.4 – Vantagens do Orçamento de Caixa 131
9.2 – Orçamento do Lucro 132

Capítulo 10
ADMINISTRAÇÃO E ANÁLISE DE CUSTOS RELAÇÃO CUSTO-VOLUME-LUCRO 135

10.1 – Introdução 136
10.2 – Classificação dos Custos 136
10.3 – Margem de Contribuição 138
10.4 – Ponto de Equilíbrio 142
10.5 – Outros Métodos de Custeio 164

Capítulo 11
ALAVANCAGEM OPERACIONAL E FINANCEIRA 171

11.1 – Introdução 172
11.2 – Alavancagem Operacional.. 172
11.3 – Grau de Alavancagem Operacional 173
11.4 – Alavancagem Financeira.. 177
11.5 – Grau de Alavancagem Financeira 177

Capítulo 12
PLANEJAMENTO FINANCEIRO DE LONGO PRAZO 185

12.1 – Orçamento de Capital... 186
12.2 – Métodos de Avaliação de Investimentos 187
    12.2.1 – Período de *Payback* 188
    12.2.2 – Método do Valor Presente Líquido – VPL 191
    12.2.3 – Método da Taxa Interna de Retorno – TIR 193
12.3 – Fontes de Financiamento de Longo Prazo 195
12.4 – Estrutura e Custo de Capital.................................... 199
12.5 – CMPC – Custo Médio Ponderado de Capital 201

Capítulo 13
AVALIAÇÃO DE TÍTULOS DE LONGO PRAZO – ANÁLISE DE AÇÕES.. 209

13.1 – Introdução 210
13.2 – CAPM – *Capital Asset Pricing Model*
(Modelo de Precificação de Ativos de Capital)...................... 211
13.3 – Coeficiente Beta.. 215

BIBLIOGRAFIA 219

Capítulo 1

O Administrador no Contexto das Finanças Empresariais

Temas em Discussão

- Definição de Finanças;
- Evolução Histórica da Administração Financeira;
- Funções do Administrador Financeiro;
- Administração Financeira e Áreas Afins;
- Objetivos da Administração Financeira;
- Custos de Agência.

1.1 – Definição de Finanças

Finanças é a ciência que estuda a movimentação de recursos financeiros entre os agentes econômicos.

Os agentes econômicos são as empresas, os indivíduos e os governos que estão constantemente interagindo entre si, recebendo, gastando ou investindo fundos. Isso é feito diretamente ou através da ação de intermediários que normalmente são as instituições financeiras.

Os indivíduos recebem salários das empresas e retornam parte desses recursos através do consumo de produtos, e outra parte é transferida ao governo em forma de impostos.

As empresas recebem pela venda dos seus produtos a outras empresas e aos indivíduos e, por outro lado, desembolsam recursos através do pagamento de salários, gastos, investimentos e impostos.

Os governos, por sua vez, arrecadam fundos através da cobrança de impostos e gastam os recursos com salários aos funcionários públicos e infraestrutura à população.

Finanças estuda todos os aspectos envolvidos nessa movimentação de recursos financeiros promovidos por esses agentes econômicos.

Sendo o objeto do nosso estudo o campo das finanças empresariais, o nosso enfoque estará concentrado na utilização dos recursos por parte das empresas e na administração e no controle desses recursos por parte dos administradores financeiros.

1.2 – Evolução Histórica da Administração Financeira

Como acontece com as ciências de um modo geral, as grandes modificações e evoluções que ocorrem no mundo têm que ser incorporadas a elas, fazendo com que sua base conceitual seja cada vez mais abrangente. Dessa forma, os gestores financeiros precisam de constante atualização e novos estudos, pois são cada vez mais exigidos.

No caso das finanças, essa evolução começa a aparecer no século XX, a partir da década de 1920, e isso começa a ocorrer em função da crescente complexidade do mundo dos negócios.

Weston (1975) considera que o marco do estudo da administração financeira como ciência foi o início do século XX, com a consolidação das empresas, surgindo grandes grupos industriais que precisavam de grande volume de recursos para financiar suas operações, fatos que provocaram um grande aumento na demanda do mercado interno norte-americano.

De acordo com Archer e Dambrosio, no estudo do desenvolvimento das finanças três abordagens precisam ser discutidas:

- **Tradicional** – Com prioridades voltadas para o ambiente externo da empresa. A ênfase era nas formas de capitalização e financiamento e como se comportava a concorrência.

- **Administrativa** – Com prioridade nos problemas financeiros administrativos: controle dos gastos internos e elaboração de orçamentos. Nesse momento, começa uma preocupação com a projeção das vendas e estudo de outros métodos de controles internos.

Finanças Modernas

Segundo Assaf Neto e Guasti Lima (2009), atualmente as finanças podem ser divididas em três subgrupos:
- **Mercado Financeiro** – Que estuda os comportamentos dos mercados, a negociação de títulos e valores mobiliários e as instituições financeiras que atuam nesse segmento.
- **Finanças Corporativas** – Que estuda as decisões financeiras nas empresas, basicamente as de financiamento e investimento.
- **Finanças Pessoais** – Que estuda a utilização dos recursos pessoais, gastos e poupança. Esse estudo vem ganhando destaque pela relação da evolução da renda das pessoas, das formas de utilização dessa renda e de seu impacto na oferta e demanda de produtos.

Duas correntes formam a base das finanças modernas:

Mercado Financeiro

O modelo de Markowitz foi uma inovação brilhante na seleção de uma carteira de investimentos. Ele mostrou que todas as informações necessárias para escolher o melhor portfólio, para qualquer nível de risco, estão contidas em três estatísticas simples: média, desvio padrão e correlação.

Harry Markowitz alterou profundamente a maneira como as decisões de investimento eram feitas.

Existe consenso entre os estudiosos em finanças de que o artigo de Harry Markowitz (Portfólio Selection), publicado em 1952, foi o precursor da moderna teoria de finanças, apresentando pela primeira vez os conceitos de risco e retorno.

Antes de Markowitz, a análise de uma carteira de investimento tinha pouca importância, não havendo a devida atenção para a diversificação dos ativos como forma de redução do risco.

Acreditava-se que a carteira de investimento contendo uma grande quantidade de ativos diferentes reduziria o risco.

De acordo com Markowitz, os ativos não deveriam ser selecionados com base em suas características particulares. O investidor deveria considerar como cada título se comporta em relação aos outros.

Para reduzir o risco da carteira, Markowitz utilizou a covariância, que é um indicador estatístico que mete a inter-relação entre duas variáveis. Ele demonstrou que, para se minimizar a variância dos retornos de uma carteira, não basta simplesmente investir em uma grande quantidade de ativos. É necessário evitar a aplicação em ativos com alta variância entre eles.

O retorno esperado de uma carteira é uma média ponderada dos retornos esperados dos títulos individuais que a compõem.

Se um dos títulos tende a se valorizar quando o outro tende a se desvalorizar (covariância negativa entre os retornos), o movimento de um tende a contrabalançar o movimento do outro, gerando por efeito da diversificação, uma redução do risco da carteira total.

Entretanto, se ambos os títulos se valorizam (covariância positiva entre os retornos), o risco da carteira será mais elevado que o do exemplo anterior.

Outra contribuição importante foi a de William F. Sharpe, que aprofundou os estudos de risco e retorno dos portfólios.

Markowitz havia desenvolvido um modelo que reduzia o risco através da diversificação eficiente dos ativos que compõem uma carteira de investimentos. Porém, mesmo que o investidor diversifique a aplicação dos seus recursos de maneira eficiente, ainda existe o risco relacionado à conjuntura econômica. Esse risco, chamado de risco sistêmico, pode afetar a carteira como um todo.

Sharpe, em 1964, publicou o artigo *Capital Asset Prices: A Theory of Market Equilibrium under Condition of Risk*, quando desenvolveu um modelo onde uma carteira eficiente tem que ser baseada no risco sistêmico, já que o risco dos ativos que compõem a carteira pode ser quase que totalmente eliminado pela diversificação proposta por Markowitz.

Sharpe chamou o risco sistêmico de beta, criando um coeficiente que indica o risco de um ativo em relação ao risco do mercado.

> "Esse modelo permitiu que se calculasse o retorno mínimo exigido de um investimento baseado no risco apresentado. Assim, para qualquer investimento é possível apurar-se, pelo método do CAPM, a taxa de retorno que remunera o risco envolvido na decisão."
>
> (Assaf Neto & Guasti Lima Pág. 7)

O modelo proposto por Sharpe em 1964 ficou conhecido na literatura financeira como **CAPM – *Capital Asset Pricing Model*.**

Finanças Corporativas

No estudo das finanças corporativas, os grandes precursores foram **Franco Modigliani e Merton Miller,** que em seus estudos sobre estrutura de capital procuraram demonstrar que para a maximização da riqueza da empresa, objetivo da administração financeira moderna, a composição da estrutura de capital das empresas era irrelevante. O que realmente é importante não é a forma como os ativos são financiados (composição entre capital próprio e capital de terceiros), mas sim de que forma o investimento dos recursos é feito e como se dará seu retorno a uma taxa apropriada de risco.

Teoria de Estrutura de Capital
Modelo Tradicional

A teoria tradicional procura estabelecer a relação entre o nível de endividamento de uma empresa e seu valor, ou seja, procura demonstrar a relação entre as variações no custo de capital da empresa causadas pelas alterações de sua estrutura financeira.

O método tradicional pressupõe que o valor de uma empresa depende de sua estrutura de capital, ou seja, da composição entre os recursos próprios e os de terceiros. Uma empresa pode aumentar seu valor quando utiliza um maior valor de recursos de terceiros. Partindo dessa premissa, para maximizar o valor da empresa, é importante a determinação de uma boa estrutura de capital.

A maior restrição a esse modelo está relacionada ao risco financeiro. Quando o custo do capital próprio é considerado constante, independentemente do nível de endividamento adotado, está sendo ignorado o princípio básico de que quando os acionistas assumem um maior grau de risco, eles exigirão uma taxa de retorno mais alta para os seus recursos investidos.

O Modelo de Modigliani e Miller

Os estudos e as publicações realizados por Franco Modigliani e Merton Miller revolucionaram os estudos anteriores.

A primeira publicação foi o artigo ***The Cost of Capital, Corporate Finance and the Theory of Investment*** no ano de 1958, que provocou muitos debates na comunidade científica financeira a respeito da importância das decisões sobre a estrutura de capital das empresas.

Outro artigo foi publicado em 1963, intitulado ***Corporate Income Taxes and the Cost of Capital: A Correction***. Nesse artigo, os autores incorporaram parte das críticas feitas ao primeiro artigo pelos especialistas da época.

Finalmente, publicaram o estudo ***Some Estimatives of the Cost of Capital to the Electric Utility Industry***. Esse estudo foi publicado em 1966 e buscava uma validação da comunidade financeira para sua teoria.

A essência da teoria de Modigliani e Miller sobre estrutura de capital era:

> **"O valor de mercado de qualquer empresa, independentemente de sua estrutura de capital, é dado pela capitalização do seu retorno esperado a uma taxa apropriada à sua classe de risco".**
>
> (Gimenes)

O que realmente é relevante para a maximização da riqueza da empresa são as decisões de investimento de capital. Em que ativos serão investidos os recursos da empresa.

Apesar dos pressupostos teóricos, sobre os quais se sustenta o modelo proposto por Modigliani e Miller, terem recebido uma série de críticas, eles são considerados um marco para os estudos mais aprofundados das finanças corporativas.

1.3 – Funções do Administrador Financeiro

A partir dessas grandes contribuições ao estudo das finanças, a administração financeira surgiu como uma área diferenciada de estudos e pesquisas, somente no final da década de 1980 e início da década de 1990.

Segundo Brigham & Weston (2000), esse fato ocorreu por dois motivos principais: o processo de globalização e a tecnologia do computador.

Dentre os principais fatores que levaram as empresas a um acelerado processo de se tornarem multinacionais, destacamos:
- A melhoria contínua dos transportes e comunicações com redução significativa de custos.
- A pressão dos consumidores que, mais exigentes, passaram a procurar produtos com melhores preços e qualidade, derrubando, assim, barreiras comerciais impostas por políticas de protecionismo.
- A necessidade de expandir vendas com o desenvolvimento de novos produtos tornou imprescindível a busca por novos mercados.
- Em um mundo globalizado, uma empresa com operações financeiras restritas a um só país não pode competir.

Quanto à tecnologia do computador, outro fator destacado por Brigham & Weston para o desenvolvimento do estudo da administração financeira, vale destacar que com os contínuos avanços tecnológicos, a forma pela qual as decisões financeiras são tomadas mudou drasticamente, aumentando de forma considerável a importância das finanças na administração geral das empresas.

> "Antes, o gerente de marketing projetava as vendas, a equipe de engenharia e produção determinava os ativos necessários para atender a essas demandas e o gerente financeiro simplesmente levantava o capital para adquirir a fábrica, os equipamentos e os estoques requeridos. Essa situação não existe mais, já que as decisões são atualmente tomadas de uma forma bem mais coordenada e o gerente financeiro, em geral, tem responsabilidade direta pelo processo de controle."

O administrador financeiro exerce um papel de extrema importância dentro de uma organização. Desempenha funções que podem determinar o sucesso ou o fracasso do empreendimento.

Dentre as várias funções desempenhadas pelo administrador financeiro, podemos destacar:

Decisões de Investimento

Decidir em que ativos a empresa deve investir e qual o montante a ser investido são decisões cruciais enfrentadas pelo profissional de finanças. São as decisões de investimento que vão determinar o futuro da empresa. Muitas vezes, essas decisões envolvem investimentos em ativos de longo prazo, cujo fracasso pode fazer com que a empresa incorra em gastos irrecuperáveis e que somente podem ser reembolsados através da utilização do ativo e jamais pela sua venda. Portanto, são decisões fundamentais para a organização.

Decisões de Financiamento

O administrador financeiro deve também determinar de que forma a empresa vai financiar suas atividades. Para o financiamento das atividades de uma empresa, são necessários recursos financeiros, que podem ser próprios, injetados pelos proprietários, ou de terceiros, obtidos através de empréstimos. Cabe ao profissional de finanças determinar a proporção adequada entre essas duas fontes de recursos e decidir sobre a maneira mais apropriada de obtê-los. Se os fundos a serem obtidos forem através de capital de terceiros (empréstimos bancários), o administrador financeiro precisa analisar todas as modalidades disponíveis no mercado de crédito a fim de escolher qual a mais adequada e que vai gerar o menor custo.

Planejamento Financeiro

O planejamento e a administração da movimentação dos recursos financeiros é outra tarefa importante exercida pelo administrador financeiro, e consiste na tomada de decisões fundamentadas em projeções financeiras para um determinado período futuro (orçamentos). Naturalmente, esse tipo de procedimento gera certa margem de risco.

É um trabalho que, por envolver uma série de decisões futuras, para ter maior eficácia precisa estar embasado em informações confiáveis. As informações de que se vale o administrador financeiro estão normalmente contidas em relatórios e demonstrativos contábeis e, quanto mais exatas forem as informações apuradas, mais acertadas serão as decisões tomadas.

Administração das Disponibilidades

Outra função das mais importantes exercidas pelo administrador financeiro é administrar o fluxo de entradas e saídas de recursos da empresa a fim de garantir que haverá recurso financeiro disponível no momento em que se fizer necessário um desembolso de caixa. Ele deve também decidir sobre o valor do investimento em disponível, ativo que tem como propósito sustentar as atividades operacionais da empresa e que apresenta baixa rentabilidade.

Política de Crédito

Outra atividade de grande relevância que o administrador financeiro deve desempenhar dentro de uma organização é a que se refere às atividades de crédito da empresa. O setor financeiro deve desenvolver técnicas que permitam à empresa efetuar vendas a crédito para seus clientes com a segurança de que nos respectivos vencimentos receberá os valores correspondentes. Isso envolve várias decisões, tais como: A quem vender? Quanto vender? e A que prazo vender?. São decisões que, quando não tomadas corretamente, podem acarretar grandes prejuízos à organização.

1.4 – Administração Financeira e Áreas Afins

Administração Financeira e Contabilidade

O fato de o administrador financeiro utilizar, em praticamente todas as suas análises, informações extraídas de demonstrativos contábeis, torna muito comum o equívoco que administração financeira tem o mesmo campo de atuação da contabilidade.

A Contabilidade tem como finalidade registrar os fenômenos que afetam as situações patrimoniais, financeiras e econômicas das empresas, e adota para esse propósito o **Regime de Competência**, que segundo os princípios contábeis geralmente aceitos, reconhece as receitas no momento da venda e as despesas quando incorridas. Enquanto que a Administração Financeira tem como funções básicas o planejamento, a administração e o controle das entradas e saídas de fundos, ou seja, os investimentos e financiamentos necessários à sustentação das atividades da empresa, e para isso adota o **Regime de Caixa**, preocupando-se apenas com o fluxo de recursos, isto é, reconhece receitas e despesas somente quando acontecem reais entradas e saídas de caixa.

O administrador financeiro deve, portanto, utilizar os demonstrativos contábeis que são as principais fontes de informações da empresa, porém com a precaução de analisá-los sob o ponto de vista do fluxo de caixa, como veremos no exemplo a seguir.

ESTUDO DE CASO – CIA. ACRE

A Cia. Acre teve durante o exercício social a seguinte movimentação: compra de equipamento por $ 100.000, tendo pagado no exercício 70% do valor devido.

Venda a crédito de produtos no valor de $ 200.000, com recebimento no exercício de 80% do total.

Compra de matérias-primas a crédito no valor de $ 120.000, tendo pagado no decorrer do exercício 90% do total.

Venda de um equipamento a crédito por $ 80.000, a ser recebido no exercício seguinte.

Com base nos dados apresentados, preparar um demonstrativo de resultado e um demonstrativo de fluxo de caixa.

RESOLUÇÃO

Demonstrativo de Resultado
(Visão do Contador)

Venda de produtos .... $ 200.000

Venda de equipamento .... $ 80.000

Total das vendas .... **$ 280.000**

(–) Compra de materiais .... $ 120.000

(–) Compra de equipamento .... $ 100.000

Custo total .... **$ 220.000**

Lucro no período .... **$ 60.000**

Demonstrativo de Fluxo de Caixa
(Visão do Administrador Financeiro)

Recebimento das vendas de produtos .... $ 160.000

Total das entradas de caixa .... $ 160.000

(–) Pagamento pela compra de materiais .... $ 108.000

(–) Pagamento pela compra de equipamento .... $ 70.000

Total das saídas de caixa .... $ 178.000

Fluxo de caixa líquido .... (–) $.. 18.000

O caso da Cia. Acre deixa bem clara a diferença entre o regime de competência adotado pela contabilidade e o regime de caixa da administração financeira.

Contabilmente, a Cia. Acre teve um resultado positivo de $ 60.000 ao final do exercício, o que pode até satisfazer a direção da empresa. Entretanto, apesar do resultado contábil, a empresa está enfrentando sérias dificuldades de liquidez, pois no exercício em questão teve $ 160.000 de entradas de caixa e precisa desembolsar $ 178.000 para fazer frente às suas despesas no período.

Esse fato, que frequentemente ocorre dentro de uma empresa, ressalta a importância do papel desempenhado pelo administrador financeiro na gestão das finanças empresariais.

Administração Financeira e Economia

Em decorrência de a teoria financeira ser derivada da teoria econômica, finanças e economia estão estreitamente relacionadas.

O administrador financeiro deve, portanto, usar os princípios da economia para nortear suas decisões. Precisa conhecer a teoria de preços, os aspectos envolvidos na oferta e demanda e outros conceitos que possam auxiliá-lo a gerenciar as finanças da empresa de forma eficaz. Além disso, deve estar atento a todas as mudanças ocorridas na conjuntura econômica e que possam de alguma forma afetar as atividades da empresa.

Um princípio econômico de fundamental importância do qual se vale o administrador financeiro para a tomada da maioria das decisões é o princípio da análise marginal, que consiste no estudo de custos e benefícios adicionais gerados por uma determinada escolha de investimento.

Análise Marginal

Um investimento somente será viável economicamente quando a soma dos benefícios marginais gerados for maior que a soma dos custos marginais incorridos na implantação do referido investimento.

No estudo de caso a seguir, teremos uma visão mais clara da situação:

ESTUDO DE CASO – CIA. ALAGOAS

A Cia. Alagoas, empresa do ramo metalúrgico, está modernizando seu parque industrial e, para isso, está fazendo uma análise de viabilidade econômica (análise marginal), com o propósito de determinar se deve ou não efetuar a troca de um antigo equipamento por um novo com melhor rendimento e qualidade. A análise está sendo projetada para o próximo ano e os estudos feitos pelos técnicos indicaram os seguintes dados:

Equipamento Novo

Custo do equipamento ....$ 90.000
Vendas projetadas para o período.......................................$ 120.000
Despesas com manutenção no período ....$ 6.000
Despesas com treinamento de pessoal no período ....$ 3.000
Valor residual (final do período) ....$ 36.000
Economia com redução de pessoal......................................$ 15.000

Equipamento Antigo

Valor de mercado ....$ 20.000
Vendas projetadas para o período.......................................$ 30.000
Despesas com manutenção no período ....$ 2.000
Valor residual (final do período) ....$ 6.000

RESOLUÇÃO

Análise Marginal

Vendas projetadas com o equipamento novo.............................120.000
(–) Vendas projetadas com o equipamento antigo .....30.000.........90.000
Economia com redução de pessoal...15.000
(–) Despesas de treinamento de pessoal .... 3.000.........12.000
Valor residual (equipamento novo)...36.000
(–) Valor residual (equipamento antigo) .... 6.000.........30.000
Benefícios marginais...**132.000**

Custo do novo equipamento...90.000
(–) Venda do equipamento antigo .... 20.000.......70.000
Despesas com manutenção do equipamento novo........................6.000
(–) Despesas com manutenção do equipamento antigo..... 2.000.........4.000
Custos marginais...**74.000**

Benefício marginal líquido...**58.000**

O propósito da análise marginal é fornecer o cálculo de quanto a empresa ganha ou perde quando faz a opção por uma determinada situação em detrimento de outra.

Na presente situação, a Cia. Alagoas deve optar pela troca do equipamento, pois os ganhos marginais superam os custos marginais envolvidos na mudança.

1.5 – Objetivos da Administração Financeira

Juntamente com o exercício das funções operacionais, o administrador financeiro deve se preocupar também com os objetivos básicos a serem alcançados pela empresa.

Até há alguns anos, o principal objetivo perseguido pelo administrador financeiro e, na verdade, por todos os administradores da empresa, era o lucro. E essa era a principal medida de desempenho da empresa e, consequentemente, da alta administração.

Hoje, apesar de a lucratividade ser imprescindível para qualquer empreendimento, o enfoque é outro.

O lucro, na realidade, é medido através de demonstrativos contábeis; conforme já vimos, o regime de competência que considera todas as vendas como recebidas e todas as despesas como pagas, o que não dá uma dimensão exata da situação da empresa.

Por exemplo, havendo durante determinado período um grande volume de clientes inadimplentes, a rentabilidade da empresa poderá ficar sensivelmente afetada. Entretanto, esse fato não causará qualquer interferência no lucro contábil.

Além disso, o lucro é medido em um período contábil determinado, não refletindo em longo prazo o modelo de gestão empregado pelos administradores.

Atualmente, o grande objetivo a ser perseguido pelos administradores é a maximização da riqueza da empresa e, por conseguinte, a dos proprietários.

Para atingir esse objetivo, entre as alternativas decisórias apresentadas, somente deverão ser colocadas em prática aquelas medidas que contribuam para maximizar o valor da empresa.

Muitas vezes, os administradores adotam e implementam medidas que podem até reduzir o lucro da empresa naquele exercício fiscal. Todavia, essas medidas, normalmente ligadas à melhoria tecnológica e de processos produtivos, possivelmente proporcionarão resultados a serem usufruídos em exercícios futuros.

1.6 – Custos de "Agência"

Como o objetivo da administração financeira é a maximização da riqueza da empresa e dos proprietários, os administradores, no papel de agentes dos proprietários, devem, através da delegação de poderes, agir em nome destes visando atingir os objetivos propostos.

Entretanto, como nas grandes organizações os acionistas não participam das decisões nem da forma de gestão adotada, muitas vezes os objetivos pessoais dos administradores se sobrepõem aos da empresa, e a meta maior, que é a maximização da riqueza, não é plenamente atingida.

Esse fato ocorre porque os administradores, embora queiram o aumento da riqueza da empresa e dos proprietários, estão também preocupados com sua riqueza pessoal e com outros benefícios que lhes proporcionem status social, tais como: locais de trabalho luxuosos, veículos à sua disposição e da família, viagens etc.

Para prevenir e minimizar esse impacto ocasionado pelo desvio dos objetivos, os proprietários adotam medidas preventivas chamadas "custos de agência".

Alguns dos principais custos de agência são:

Auditoria Interna

Cujo objetivo é verificar se os administradores estão efetivamente defendendo os interesses dos proprietários.

Prêmios por Bom Desempenho

Prêmios de incentivo à boa administração. Ganhos extraordinários oferecidos como prêmio aos administradores. Geralmente, esses ganhos estão vinculados aos preços das ações. A empresa cria medidas de desempenho e premia os administradores quando as metas são alcançadas.

Participação Acionária

Atingindo determinados objetivos prefixados, os administradores recebem uma participação acionária da empresa.

Com a globalização da economia, o problema de "agência" tem sido objeto de muitos estudos e controvérsias. Cada vez mais se torna necessária a delegação de poderes, e esse fato aliado ao crescimento da corrupção em todos os níveis provoca um questionamento. Até que ponto os prêmios gratificações inibem determinados atos que poderão prejudicar o desempenho da empresa?

Atualmente, grande parte das empresas, principalmente as norte-americanas, está adotando padrões éticos de conduta, obrigando os administradores a agirem de acordo com o estabelecido nesses manuais éticos.

Capítulo 2

Valor do Dinheiro no Tempo

Temas em Discussão

- Juros Simples;
- Juros Compostos;
- Operações de Juros Através de Calculadora Financeira;
- Amortização e Juros – Modelo *Price*.

2.1 – Introdução

Dentre as principais funções desempenhadas pelo administrador financeiro, estão as escolhas de alternativas de investimento e financiamento, ou seja, a obtenção e alocação de recursos cujos pagamentos e retornos se darão ao longo do tempo.

Para que se possa avaliar os recursos em diferentes dimensões temporais, visto que o valor do dinheiro no decorrer do tempo sofre alterações por influência das taxas de juros ou mesmo através de processos inflacionários, o administrador financeiro necessita de conhecimentos básicos de cálculos financeiros como ferramenta de apoio às decisões de financiamento e investimento.

No presente capítulo, discorreremos sobre os principais instrumentos oferecidos pela matemática financeira que podem auxiliar o administrador financeiro em sua função primordial de gestor de recursos.

O principal conceito da matemática financeira utilizado nas operações empresariais é o juro.

Juro é a remuneração paga pela utilização de um capital em um determinado período de tempo.

De acordo com a teoria econômica, o conceito de juro decorre da escolha do indivíduo entre consumir e poupar. Se o indivíduo postergar sua necessidade de consumo possibilitando a outros indivíduos o consumo imediato, é lógico e razoável que para esse ato haja um ganho adicional, que é o juro.

Com as empresas ocorre o mesmo fato. Quando uma empresa aplica seus recursos em projetos de investimento, é natural que deseje um retorno maior que o valor aplicado. Da mesma forma, quando essa empresa recorre a outras empresas ou indivíduos com a finalidade de obter recursos para investir em suas atividades, no momento do pagamento desses recursos obtidos de terceiros terá que pagar uma quantia adicional, previamente estipulada, que é o juro. Valor cobrado pela utilização daquele capital.

2.2 – Juros Simples

É utilizado em operações financeiras de curto prazo (até 30 dias), quando as operações são realizadas em moeda estrangeira e em alguns casos de cobrança de juros por atraso no pagamento do principal.

A característica dos juros simples é a forma de capitalização. Nesse sistema, os juros são calculados apenas sobre o capital inicial.

Fórmula dos Juros Simples

$$J = C\,i\,n$$

Em que:

J = juros
C = capital inicial
i = taxa de juros
n = número de períodos

A soma do capital mais os juros gerados na operação é chamada de montante.

Fórmula do Montante

$$M = C(1 + i \times n)$$

EXEMPLOS:

Questão:
Quanto se pagará de juros por um empréstimo de R$ 100.000,00, pelo prazo de três meses a uma taxa de juros de 4% ao mês?

$$J = 100.000,00 \times 0,04 \times 3$$

Juros igual a R$ 12.000,00

Questão:
Calcular o montante de um capital de R$ 80.000,00, aplicado por quatro meses a uma taxa de juros de 3% ao mês.

$$M = 80.000,00 \, (1 + 0,03 \times 4)$$

Montante igual a R$ 89.600,00

Taxas Equivalentes
Duas taxas são equivalentes quando aplicadas sobre um mesmo capital, durante o mesmo período, rendem um juro igual.

EXEMPLO:

Calcular os juros sobre o capital de R$ 200.000,00 nas seguintes condições:
  A) Taxa de 2% ao mês por um período de 12 meses.
  B) Taxa de 12 % ao semestre por um período de dois semestres.

A) $J = 200.000,00 \times 0,02 \times 12$

> **Juros igual a R$ 48.000,00**

B) $J = 200.000,00 \times 0,12 \times 2$

> **Juros igual a R$ 48.000,00**

Nesse caso, podemos afirmar que as taxas de 2% ao mês e 12 % ao semestre são equivalentes.

Desconto Comercial ou Bancário

É comum uma empresa, ao necessitar de recursos, recorrer a uma instituição financeira e fazer um desconto comercial.

Essa operação consiste na negociação de um título de crédito (duplicata, nota promissória, letra de câmbio etc.) em uma data anterior à de seu vencimento.

Fórmula do Desconto Comercial

$$D = N \times i \times n$$

Em que:

D = Valor do desconto comercial.
N = Valor do título descontado.
i = Taxa de desconto.
n = Período de tempo.

EXEMPLO:

Uma duplicata no valor de R$ 10.000,00 foi descontada à taxa de 3% ao mês. Faltando 60 dias para seu vencimento, qual o valor do desconto?

N = 10.000,00.
n = 60 dias.
i = 3% ao mês – 0,03 ao mês ou 0,001 ao dia.
D = 10.000 × 60 × 0,001

> **D = R$ 600,00**

A empresa entrega ao banco sua duplicata no valor de R$ 10.000,00 para vencimento em 60 dias e recebe do banco a quantia de R$ 9.400,00, ficando o valor de R$ 600,00 de posse do banco a título de juros.

O valor de R$ 9.400,00, recebido pela empresa, é chamado de valor atual comercial.

VALOR DO DINHEIRO NO TEMPO

2.3 – Juros Compostos

A característica deste método de cálculo, o mais usado nas transações e operações financeiras, é que os juros ao final de cada período são incorporados ao capital, formando novo capital inicial e, consequentemente, a nova base de cálculo para o próximo período.

Fórmulas dos Juros Compostos

$$J = C\,[\,(1+i)^n - 1\,]$$

$$M = C\,(1+i)^n$$

Em que:

J = juros
C = capital
i = taxa de juros
n = número de períodos
M = montante.

EXEMPLOS:

Questão 1

Uma empresa tomou emprestado de uma instituição financeira o valor de R$ 150.000,00 pelo prazo de quatro meses, a uma taxa de juros de 4% ao mês. Considerando-se o cálculo pelo método de juros compostos, qual o montante a ser devolvido?

M = 150.000,00 (1 + 0,04)^4
M = 150.000,00 × 1,169859

$$M = R\$\ 175.478,85$$

Questão 2

Quais os juros produzidos por um capital de R$ 50.000,00, aplicado à taxa de 2,5% ao mês por um prazo de seis meses, através de capitalização composta?

J = 50.000,00 { (1 + 0,025)^6 – 1 }
J = 50.000,009 { 1,159693 – 1 }
J = 50.000,00 × 0,159693

$$J = R\$\ 7.984,65$$

2.4 – Operações de Juros Através de Calculadora Financeira

Nas empresas, os cálculos envolvendo operações financeiras são muito complexos. Por esse motivo, os administradores precisam utilizar ferramentas que, além de facilitarem os cálculos financeiros, ofereçam precisão absoluta no que se refere aos resultados.

Para viabilizar de forma operacional a resolução dos problemas financeiros, os administradores usam como instrumentos principais a calculadora financeira e as planilhas de cálculo disponíveis nos programas de informática.

A finalidade da inclusão do tema no capítulo é apresentar o cálculo das principais operações efetuadas na área financeira das empresas com auxílio da calculadora financeira.

A apresentação será feita através de problemas que fazem parte do dia a dia das empresas, e serão resolvidos passo a passo com as ferramentas disponíveis nas calculadoras financeiras.

Com o fim de criar um critério padronizado, todos os cálculos foram efetuados na calculadora Hewlett Packard (HP) 12 C.

Funções Financeiras Básicas

Para a execução das principais operações financeiras, temos na calculadora funções que visam simplificar os cálculos. São as funções financeiras.

Teclas Financeiras

> n = **número de períodos**
> i = **taxa de juros por período**
> PV = **valor presente**
> FV = **valor futuro**
> PMT = **valor de prestações**

O cálculo através das teclas financeiras é simples. Armazenamos os dados conhecidos e posteriormente digitamos a tecla da variável que se quer apurar.

Problema 1

Um equipamento tem um preço à vista de R$ 260.000,00. Pode também ser comprado em seis prestações mensais de R$ 50.000,00. No caso de a empresa optar por comprá-lo a prazo, que taxa de juros estará sendo cobrada?

VALOR DO DINHEIRO NO TEMPO

260.000	CHS	PV
50.000		PMT
6		n
		i

i = 4,25% ao mês

Problema 2

A Cia. América do Sul está efetuando a compra de um veículo no valor de R$ 100.000,00. A aquisição se dará a prazo, em prestações mensais de R$10.655,22, a uma taxa de juros de 4% ao mês. Quantas prestações deverão ser pagas até a quitação total do veículo?

100.000,00	CHS	PV
10.655		PMT
4		i
		n

n = 12 meses

Problema 3

No caso da Cia. América do Sul, optar pela compra do veículo descrito no problema anterior em apenas seis prestações mensais, permanecendo inalteradas as demais condições, qual será o valor da prestação mensal?

100.000	CHS	PV
4		i
6		n
		PMT

PMT = R$ 19.076,19

Problema 4

A Cia. ABC está pleiteando junto ao Banco Libra a quitação antecipada de um débito a vencer em seis meses, no valor de R$ 200.000,00. Considerando que o banco concederá um desconto de 5% ao mês no referido débito, qual o valor a ser pago pela Cia. ABC?

200.000	CHS	FV
6		n
5		i
		PV

PV = R$ 149.243,08

Problema 5

O Banco Libra está efetuando um empréstimo de R$ 300.000,00 para vencimento em 120 dias, com taxa de juros de 3,5% ao mês. Qual o valor a ser recebido pelo banco por ocasião do vencimento do empréstimo?

300.000	CHS	PV
4		n
3,5		i
		FV
FV = R$ 344.256,90		

1.5 – Amortização de Juros – Modelo *Price*

Quando calculamos o valor de uma série de pagamentos ou recebimentos uniformes (prestações), conseguimos, como visto nos problemas anteriores, saber o valor a ser pago ou recebido no período.

Entretanto, como o valor da prestação é composto por uma parcela de juros e outra parcela referente ao pagamento de parte do principal, para uma análise mais aprofundada, necessitamos de instrumentos que nos deem mais informações, como veremos nos problemas a seguir:

Problema 1

Calcular o valor da prestação mensal do financiamento abaixo e elaborar uma tabela com o desdobramento das prestações em amortizações e juros.

Financiamento .... R$ 100.000,00
Taxa .... 5% ao mês
Prazo .... 12 meses

Prestação Mensal

Usando a calculadora, temos o valor da prestação mensal e podemos construir a tabela.

100.000	CHS	PV
12		n
5		i
		PMT
Prestação R$ 11.282,54		

Tabela de Amortização e Juros (Modelo Price)

MÊS	PRINCIPAL	JUROS	AMORTIZAÇÕES	PRESTAÇÃO
0	100.000,00			
1	93.717,46	5.000,00	6.282,54	11.282,54
2	87.120,79	4.685,87	6.596,67	11.282,54
3	80.194,29	4.356,04	6.926,50	11.282,54
4	76.921,46	4.009,71	7.272,83	11.282,54
5	65.284,99	3.646,07	7.636,47	11.282,54
6	57.266,70	3.264,25	8.018,29	11.282,54
7	48.847,70	2.863,33	8.419,21	11.282,54
8	40.007,32	2.442,37	8.840,17	11.282,54
9	30.725,15	2.000,37	9.282,17	11.282,54
10	20.978,87	1.536,26	9.746,28	11.282,54
11	10.745,27	1.048,94	10.233,60	11.282,54
12		537,27	10.745,27	11.282,54
TOTAL		35.390,48	100.000,00	135.390,48

Problema 2

Calcular os juros e as amortizações pagos no final do 6º mês, logo após o pagamento da 6ª prestação.

Resposta A – Usando a Tabela

Juros pagos nas seis primeiras prestações
5.000,00 + 4.685,87 + 4.356,04 + 4.009,71 + 3.646,07 + 3.264,25 =
R$ 24.961,94

Amortizações pagas nas seis primeiras prestações
6.282,54 + 6.596,67 + 6.926,50 + 7.272,83 + 7.636,47 + 8.018,29 =
R$ 42.733,30

Resposta B – Usando a Calculadora

100.000,00	CHS	PV	
12		n	
5		i	
		PMT	11.282,54
0		n	(zerar o valor de n)
6	F	AMORT	R$ 24.961,94
			(juros dos seis primeiros meses)
		x ≥ y	R$ 42.733,30
			(amortizações pagas nos primeiros seis meses)
	RCL	PV	R$ 57.266,70
			(principal ao final do 6º mês)

2.6 – TAXAS EQUIVALENTES

(Capitalização Composta)

O conceito de taxas equivalentes é o mesmo para o juro simples e o composto. Elas se equivalem, embora estejam expressas em diferentes dimensões temporais.

Fórmula de Taxas Equivalentes

Descapitalização (Taxa equivalente para um período menor)

$$Te = (1 + i)^{1/n} - 1$$

EXEMPLO:

Qual a taxa mensal equivalente à taxa nominal de 8% ao quadrimestre?

n = 4
Te = (1 + 0,08)$^{1/4}$ – 1
Te = 1,019427 – 1   Te = 0,019427

$$Te = 1,9427\%$$

VALOR DO DINHEIRO NO TEMPO

A taxa de 1,9427 % ao mês é equivalente à taxa de 8% ao quadrimestre, pois produzem o mesmo resultado no caso de capitalização composta.

Capitalização (Taxa equivalente para um período maior)

$$Te = (1 + i)^n - 1$$

EXEMPLO:

Qual a taxa anual equivalente a 4% ao mês?

n = 12
Te = (1,04)^{12} – 1
Te = 1,6010 – 1   Te = 0,6010

$$Te = 60,1032\%$$

A taxa de 60,1032% ao ano é equivalente à taxa de 4% ao mês.

Taxas Equivalentes (Com utilização de calculadora financeira) Capitalização e descapitalização de taxas de juros

Problema 1 (Capitalização)

O Banco Libra cobra a título de juros sobre seus empréstimos a taxa de 4% ao mês. Qual a taxa anual equivalente cobrada por esse banco?

4	*Enter*
100	÷
1	+
12	y^x
1	-
100	x
Resultado 60,10% ao ano	

Problema 2 (Descapitalização)

A Cia. Atlas efetuou o pagamento de um empréstimo com taxa de juros de 136% ao ano. Qual a taxa mensal equivalente cobrada paga pela empresa?

136	*Enter*
100	÷
1	+
12	1/x
	y^x
1	-
100	x
Resultado 7,42% ao mês	

Como podemos observar, as principais decisões financeiras nas empresas precisam de instrumento de apoio. Como essas decisões precisam estar embasadas em informações confiáveis, as calculadoras financeiras e outras ferramentas de cálculo atualmente são imprescindíveis na área financeira de qualquer tipo de empresa.

PROBLEMAS PROPOSTOS

Problema 1

A Cia. Atlas descontou uma duplicata junto ao banco no valor de R$ 326.500,00, para vencimento em 21 dias. Considerando que o banco creditou na conta da empresa o valor de R$ 318.640,00, qual foi a taxa de juros mensal cobrada?

Problema 2

Uma empresa aplicou a quantia de R$ 1.750.000,00 por um prazo de 19 dias, capitalização simples e a uma taxa de 3% ao mês.
a) Qual a taxa equivalente trimestral?
b) Qual o montante apurado pela empresa referente à sua aplicação financeira?

Problema 3

A Cia. Atlas pretende adquirir um equipamento de informática no valor de R$ 3.700,00 e tem duas opções de pagamento:

Opção 1

Pagamento em cinco parcelas mensais de R$ 930,00, vencendo a primeira em 30 dias.

Opção 2

Pagamento em quatro parcelas de R$ 1.050,00, sendo a primeira paga no ato da compra e as demais em 30, 60 e 90 dias, respectivamente.

Calcular a opção de menor taxa de juros.

Problema 4

A Cia. Pedra Azul está propondo ao banco um refinanciamento de sua dívida que é hoje de R$ 2.785.300,00. Os juros cobrados pelo banco são de 5% ao mês. A proposta da empresa é pagar a dívida em parcelas mensais de R$ 120.000,00. Quantas parcelas a Cia. Pedra Azul deverá pagar ao banco?

Problema 5

A Cia. Tietê possui um financiamento no valor de R$ 1.380.000,00, para pagamento em 15 anos com juros de 3% ao mês, calculados através da Tabela *Price*.

Tendo pagado a prestação nº 83, a empresa pretende avaliar a possibilidade de quitar o financiamento e, para isso, precisa das seguintes informações:

A) Valor da prestação;
B) Valor dos juros pagos;
C) Valor já amortizado;
D) Valor do principal após a 83ª prestação paga.

PROBLEMAS PROPOSTOS RESOLUÇÃO

Problema 1

$D = N \times i \times n$

$7.860,00 = 326.500,00 \times i \times 21$

$7.860,00 = 6.856.500,00\ i$

$i = 7.860,00 / 6.856.500,00$

$i = 0,001146$ ao dia $\times 30$

$i = 0,034391 \times 100$

i = 3,44% ao mês

Problema 2

M = C (1 + i × n)
M = 1.750.000,00 (1 + 0,001 × 19)
M = 1.750.000,00 (1,019)

M = 1.783.250,00

Taxa equivalente
3% ao mês × 3 meses (1 trimestre)   **9% ao trimestre**

Problema 3 (utilizando calculadora financeira)

Opção 1
    3.700,00   CHS   PV
      930,00   PMT
          5   n
                             i   **8,14% ao mês**

Opção 2
    2.650,00   CHS   PV (3.700,00 − 1.050,00 parcela paga no ato)
    1.050,00   PMT
         3   n (somente as parcelas a prazo)
                             i   **9,17% ao mês**

Portanto, a opção com menor taxa de juros é a opção 1

Problema 4

Juros mensais = 2.785.300,00 × 5%   139.265,00
Parcela mensal proposta   120.000,00

A proposta da Cia. Pedra Azul é inviável, pois os juros mensais de 5% são superiores ao valor da parcela a ser paga.

Nesse caso, a Cia. Pedra Azul efetuará pagamentos infinitos com o crescente aumento do principal.

Problema 5 (utilizando calculadora financeira)

1.380.000,00	CHS	PV	
180		n	
3		i	
		PMT	41.603,44 (Valor da Prestação)
0		n	
83	F	AMORT	3.381.016,36 (Juros pagos)
		Y ⩾ x	72.069,16 (Valor amortizado)
RCL PV		1.307.930,84 (Valor do principal atualizado)	

Na Tabela *Price*, conforme já visto, a parcela referente ao pagamento do financiamento é composta por uma parte de juros e outra correspondente à amortização da dívida, sendo a parte referente a juros decrescente, enquanto que a amortização é crescente.

Esse fato faz com que o valor do principal remanescente somente tenha uma redução significativa após o pagamento de mais de 50% das parcelas.

Capítulo 3

Análise Financeira de Demonstrativos Contábeis

Temas em Discussão

- Estrutura dos Demonstrativos Contábeis;
- Análises Vertical e Horizontal;
- Índices Financeiros;
- Avaliação do Desempenho da Empresa.

3.1 – INTRODUÇÃO

Ao iniciarmos o estudo da análise financeira dos demonstrativos contábeis das empresas, deparamo-nos novamente com a diferença existente entre o campo de atuação da Contabilidade e o da Administração Financeira.

A Contabilidade tem como função a organização dos dados financeiros provenientes das diversas atividades da empresa, transformando-os em demonstrativos contábeis. A preocupação do administrador financeiro é transformar os dados contidos nesses demonstrativos contábeis em informações que lhe permitam diagnosticar a situação econômica e financeira da empresa. O objetivo é colher informações sobre:

- **Liquidez** – Saber se a empresa está em condições de honrar os compromissos assumidos.
- **Eficiência Operacional** – Saber se os prazos de recebimento de vendas, estocagem e pagamento a fornecedores estão dentro de padrões aceitáveis.
- **Endividamento** – Saber se o nível de endividamento da empresa é compatível com seus investimentos.
- **Rentabilidade** – Saber se a atividade operacional está gerando o retorno desejado pelos sócios ou acionistas.
- **Evolução** – Saber se a evolução histórica do desempenho da empresa projeta tendências satisfatórias.

3.2 – DEMONSTRATIVOS CONTÁBEIS

Para que possamos iniciar esse tipo de análise, precisamos inicialmente conhecer a estrutura e as características de cada conta dos principais demonstrativos contábeis, os quais constituem a grande fonte de informações da qual se serve o administrador financeiro para planejar e controlar todas as atividades financeiras que ocorrem na empresa e, sobretudo, para o auxílio na tomada de decisões.

Uma empresa elabora inúmeros demonstrativos contábeis que retratam suas principais operações e fornecem informações a respeito de sua situação econômica e financeira.

No presente estudo, a atenção estará concentrada no Balanço Patrimonial e no Demonstrativo de Resultado do Exercício, relatórios onde encontramos as informações necessárias para efetuarmos a análise financeira da empresa e o posterior diagnóstico.

Entretanto, em função da relevância dos demais demonstrativos financeiros, faz-se necessário definirmos cada um deles para que se possa ter ideia de sua utilização.

Demonstrativo de Fluxo de Caixa – Trata-se de um demonstrativo cujo objetivo é mostrar a maneira pela qual a empresa utilizou seus recursos financeiros em um determinado período. É um relatório financeiro que demonstra todas as entradas e saídas de recursos disponíveis no período analisado.

DOAR – Demonstrativo de Origem e Aplicação de Recursos – Demonstra a variação ocorrida no capital de giro líquido da empresa em um determinado período e as origens de tal variação.

Capital de Giro Líquido pode ser conceituado como a diferença entre o ativo circulante e o passivo circulante, ou seja, o demonstrativo retrata o confronto dos bens e direitos de curto prazo com as obrigações de curto prazo.

Demonstrativo de Lucros ou Prejuízos Acumulados – Mostra todas as modificações ocorridas na conta de lucros retidos durante um período determinado. Essas modificações, normalmente são proporcionadas por distribuição de parte dos lucros aos acionistas ou pela incorporação parcial ou total dos lucros retidos ao capital social.

Demonstrativo das Alterações de Capital – Indica as modificações ocorridas na conta de capital da empresa em um determinado período. Essas mudanças são geralmente motivadas por: emissão de ações, incorporação de lucros retidos, correção monetária do capital etc. (Treuherz)

3.1.1 – BALANÇO PATRIMONIAL

O Balanço Patrimonial tem como finalidade mostrar a situação patrimonial e financeira de uma empresa em um determinado momento. Retrata não somente a posição dos bens e direitos como também a forma pela qual eles foram financiados.

O Balanço Patrimonial de uma empresa pode ser analisado em três diferentes dimensões: o ATIVO (Bens e direitos), o PASSIVO (Obrigações com terceiros) e o PATRIMÔNIO LÍQUIDO (Investimento dos proprietários mais os lucros auferidos).

ATIVO

São todos os bens e direitos de propriedade da empresa, compreendendo-se por bens os imóveis onde a empresa estiver instalada, os equipamentos utilizados no processo produtivo, os veículos, os estoques etc. E, por direitos, as duplicatas a receber provenientes de vendas a crédito, as aplicações financeiras e todos os outros direitos representados por valores devidos por terceiros a serem pagos em datas futuras.

O Ativo possui ainda como característica o fato de que as contas que o compõem devem estar dispostas em ordem de liquidez, ou seja, primeiro as que se transformam em disponibilidade com maior rapidez.

Contas do Ativo
- **Ativo Circulante** – Abrange um grupo de contas que se transformará em disponibilidade no prazo máximo de um ano. No próprio exercício social.

Disponível Fazem parte desta conta os recursos disponíveis em caixa, que se encontram sob a guarda direta da empresa, os valores depositados em contas bancárias que serão utilizados para fazer frente às transações correntes e os títulos negociáveis, aplicações de curto prazo, resgatáveis a qualquer momento, e cuja finalidade é proteger recursos temporariamente ociosos e sem rentabilidade.

Duplicatas a Receber São os direitos originários das vendas a prazo de produtos ou serviços. Frequentemente, as empresas negociam junto a instituições financeiras parte desses direitos. No Balanço Patrimonial, esses direitos negociados são deduzidos do total da conta de Duplicatas a Receber com a denominação de duplicatas descontadas.

Estoques São bens que sustentam as atividades operacionais da empresa através dos processos produtivos. Os estoques se dividem em:

- **Matérias-Primas** – São insumos adquiridos pela empresa e que serão utilizados na fabricação de seus produtos.
- **Produtos em Elaboração** – São produtos que já se encontram no processo de fabricação, mas não estão totalmente acabados.
- **Produtos Acabados** – São os produtos que já passaram pelo processo de fabricação e continuam estocados à espera de serem vendidos.

Despesas Antecipadas São direitos provenientes de pagamentos antecipados efetuados pela empresa, de despesas que somente serão apropriadas contabilmente, no exercício social seguinte ou em mais de um exercício social. Como exemplo, temos os prêmios de seguros, assinaturas de jornais e revistas técnicas etc.

- **Realizável em Longo Prazo** São os direitos cuja realização (transformação em disponibilidades) se dará em longo prazo, mais de um ano ou nos próximos exercícios sociais. Nesta conta figuram os adiantamentos às empresas coligadas ou controladas, adiantamento aos diretores ou acionistas e outros direitos cujos prazos se estendam aos próximos exercícios sociais.
- **Ativo Permanente** São os bens e direitos cuja característica principal é não se destinarem à venda, pois fazem parte da estrutura produtiva da empresa ou do seu patrimônio. O que gera resultados para a empresa é sua utilização e não sua venda, embora nada impeça que eles sejam transacionados. Fazem parte desse grupo:

Investimento São os investimentos efetuados pela empresa e que não se destinam à sustentação de sua atividade. Neste item são colocados as participações em outras empresas, os imóveis não destinados ao uso etc.

Imobilizado São os bens utilizados pela empresa para manutenção de sua atividade operacional. São os imóveis onde está instalada a empresa, veículos, instalações, equipamentos etc.

Diferido São os gastos incorridos pela empresa com o propósito de melhorar os resultados nos próximos exercícios sociais. Como exemplo, podemos citar as despesas com pesquisa e desenvolvimento de novos produtos e os gastos pré-operacionais, que são os desembolsos efetuados antes de a empresa entrar em funcionamento (despesas com abertura de firmas, contratação e treinamento de mão de obra, propaganda etc.).

PASSIVO

É representado pelas contas que registram as obrigações da empresa. Essas obrigações podem assumir dois aspectos: podem ser dívidas assumidas com terceiros e ter uma data determinada para serem resgatadas ou, então, são devidas aos sócios ou acionistas da empresa que injetaram o capital necessário ao seu funcionamento, e que não têm data para o resgate. Assim como no ativo, as contas do passivo possuem uma disposição. Essas contas deverão estar em ordem de exigibilidade, ou seja, primeiro as de vencimento mais recente.

Contas do Passivo
- **Passivo Circulante** São compromissos assumidos em curto prazo (até um ano após o levantamento do balanço patrimonial) e compreendem:

Fornecedores Referem-se à compra de matérias-primas e mercadorias a crédito.

Contas a Pagar São obrigações provenientes de serviços já recebidos e não pagos (Salários a Pagar, Impostos a Pagar etc.).

Empréstimos São os empréstimos contraídos pela empresa a serem pagos em até um ano do levantamento do balanço patrimonial (curto prazo).

Provisões São despesas que ainda não foram pagas. Entretanto, já são devidas. Fazem parte desta conta: férias, 13º salário, Imposto de Renda etc.

- **Exigível em Longo Prazo** São todos os compromissos assumidos pela empresa com prazo superior a um ano. São considerados nesta conta os empréstimos bancários de longo prazo (prazo superior a um ano), as debêntures etc.
- **Patrimônio Líquido** O Patrimônio Líquido compreende:

Capital Social Representado pelos recursos investidos na empresa pelos proprietários, constituído por bens ou recursos financeiros.

Reservas de Capital Recursos oriundos de ágio na subscrição de ações, doações e subvenções para investimento, prêmio recebido na emissão de debêntures etc.

Reservas de Reavaliação Aumento do ativo em função de reavaliação de imóveis de propriedade da empresa, reavaliação de participações em outras empresas etc.

Reservas de Lucros São reservas constituídas através da apropriação de parte dos lucros auferidos. Necessariamente devem se destinar a uma finalidade específica.

Essas reservas somente poderão ser constituídas em consequência de imposição legal ou por determinação dos estatutos da empresa.

Ex.: reservas para reposição de ativos, reservas para expansão etc.

Lucros ou Prejuízos Acumulados São provenientes da atividade operacional da empresa. Se no final do exercício for apurado lucro, os recursos ficam retidos nesta conta até terem uma destinação. Podem ser incorporados ao capital social, distribuídos aos sócios ou acionistas etc.

Ações em Tesouraria Referem-se às ações adquiridas de outras instituições e que se encontram em poder da empresa.

EXEMPLO:

Balanço Patrimonial – Cia. Amapá		
	2010	2011
ATIVO		
Ativo Circulante		
Disponível		
Caixa	30	40
Bancos	1.200	1.260
Total	1.230	1.300
Duplicatas a Receber		
	2.600	2.800
(–) Duplicatas Descontadas	800	600
Total	1.800	2.200
Estoques		
Produtos Acabados	400	600
Produtos em Elaboração	300	400
Matérias-Primas	1.700	1.900
Total	2.400	2.900
Total do Ativo Circulante	5.430	6.400

Realizável em Longo Prazo
Adiantamento a Coligadas 300 400
Adiantamento a diretores 180 200

Total do Realizável em Longo Prazo 480 600

Ativo Permanente
Investimentos 700 900
Imobilizado .... 9.800 .... 11.000
Diferido 300 500
Total do Ativo Permanente .... 10.800 .... 12.400
TOTAL DO ATIVO .... **16.710** **19.400**

PASSIVO
                                                    2010   2011

Passivo Circulante
Fornecedores .... 1.800 .... 1.990
Impostos a Pagar 180 180
Empréstimos Bancários .... 2.600 .... 2.800
Provisões 620 820

Total do Passivo Circulante .... 5.200 .... 5.790

Exigível em Longo Prazo
Empréstimos Bancários .... 1.800 .... 2.200
Debêntures .... 1.200 .... 1.200

Total do Exigível em Longo Prazo .... 3.000 .... 3.400

Patrimônio Líquido
Capital Social .... 7.610 .... 8.510
Lucros Retidos .... 900 .... 1.700

Total do Patrimônio Líquido .... 8.510 .... 10.210
TOTAL DO PASSIVO .... **16.710.** **19.400**

Quando os administradores financeiros de uma empresa fazem uma análise financeira dos seus demonstrativos contábeis, devem tomar certas precauções. Em primeiro lugar, os valores informados devem estar atualizados para evitar distorções em função de processos inflacionários.

Outra providência que o administrador financeiro deve tomar é analisar os demonstrativos de mais de um exercício social para que seja possível uma avaliação das tendências futuras, visando maior segurança no seu planejamento financeiro.

3.1.2 – Demonstrativo do Resultado do Exercício

É um relatório contábil que resume todas as receitas e despesas ocorridas durante o exercício social da empresa, e tem como finalidade apurar o lucro ou prejuízo decorrente dessas transações.

Em síntese, o Demonstrativo de Resultado do Exercício mede o desempenho da empresa durante um determinado período de tempo.

O modelo utilizado para apuração do resultado é muito simples e pode ser resumido na seguinte equação:

$$\text{RECEITAS} - \text{DESPESAS} = \text{RESULTADO}$$

O demonstrativo engloba as seguintes contas:
- **Vendas Brutas** São as receitas obtidas pela empresa oriundas de suas atividades operacionais.

Vendas de Produtos Referem-se à venda dos produtos fabricados pela empresa.
Vendas de Subprodutos São os produtos provenientes de sobras de matérias-primas utilizadas no processo produtivo e que são vendidos para outras empresas.
Vendas de Mercadorias Constituem-se nos itens de estoque adquiridos pela empresa para revenda.
Serviços Prestados São as receitas advindas de serviços prestados a terceiros.

- **Deduções de Vendas**

Nesta conta estão incluídos:

Abatimentos Incondicionais Decorrentes dos descontos concedidos aos clientes após a entrega dos bens ou serviços.
Devolução de Produtos Vendidos São produtos vendidos aos clientes e posteriormente devolvidos à empresa em função de alguma irregularidade.
Impostos Referem-se aos impostos incidentes sobre as vendas (ISS, PIS, COFINS, ICMS, IPI, Impostos de Exportação).

- **Custo dos Produtos Vendidos**

São todos os custos relativos à produção dos bens destinados à venda. É obtido através da soma do valor dos estoques no início do período, mais os custos de produção do período e menos o valor dos estoques apurado no final do período.

- **Despesas / Receitas Operacionais**

São as despesas decorrentes da atividade operacional da empresa.

Despesas com Vendas Incluem as despesas com pessoal da área de vendas, comissões sobre vendas, gastos com propaganda etc.

Despesas Administrativas Gastos com honorários administrativos, salários e encargos sociais do pessoal administrativo, material de escritório, despesas com viagens etc.

Despesas / Receitas Financeiras Referem-se aos juros pagos referentes aos empréstimos contraídos (despesas) ou aos rendimentos obtidos sobre aplicações financeiras (receitas).

- **Despesas / Receitas Não Operacionais**

Considera-se como não operacional o lucro ou prejuízo resultante da venda de ativo imobilizado.

- **Provisão para Imposto de Renda**

É a despesa com o imposto de renda do exercício, apurada com base em estimativas. Depois que for apresentada a declaração do imposto de renda da empresa, o valor é corrigido e transferido da conta provisão para a conta imposto de renda a pagar.

EXEMPLO:

Demonstrativo de Resultado do Exercício – Cia. Amapá

	2010	2011
Vendas Brutas	58.000	67.000
(–) Deduções		
Impostos	7.000	8.000
Abatimentos / Devoluções	1.000	2.000
Vendas Líquidas	50.000	57.000
(–) Custo dos Produtos Vendidos	18.000	20.000
Lucro Bruto	32.000	37.000
(–) Despesas Operacionais		
Vendas	6.000	8.000
Administrativas	12.000	13.000
Financeiras (despesas – receitas)	8.000	7.000
Lucro Operacional	6.000	9.000

(–) Despesas não Operacionais
Venda de imobilizado c/prejuízo 3.000 0

Lucro Antes do Imposto de Renda .... 3.000 .... 9.000

(–) Provisão para Imposto de Renda .... 900 .... 2.700
Lucro Depois do Imposto de Renda .... 2.100 .... 6.300
(–) Participação dos empregados (10%) 210 630
(–) Participação dos Administradores (10%) 210 630
Lucro Líquido .... **1.680** **5.040**

A atenção do administrador financeiro quando analisa este demonstrativo deve estar voltada para o fato de que o resultado é apurado através do Regime de Competência, como já estudamos. Ou seja, as receitas e as despesas do período são consideradas independentemente dos seus recebimentos e pagamentos.

Análise Financeira
Para proceder a uma análise financeira da empresa através dos seus demonstrativos contábeis, o administrador deve reorganizar as informações financeiras obtidas, transformando-as em índices que possibilitem uma avaliação do desempenho dessa empresa dentro do período analisado e mostrem as tendências do seu comportamento para os períodos futuros.

3.3 – Análise Vertical ou de Estrutura

O propósito da análise vertical é mostrar a participação relativa de cada item de uma demonstração financeira em relação a um determinado total.

Utilizando o exemplo da Cia. Amapá, obteremos a seguinte análise de estrutura:

Balanço Patrimonial

Ativo Circulante	2010		2011	
Disponível	1.230	22,65%	1.300	20,31%
Duplicatas a Receber	1.800	33,15%	2.200	34,38%
Estoques	2.400	44,20%	2.900	45,31%
Total	5.430	100,00%	6.400	100,00%

Demonstrativo de Resultado do Exercício

	2010		2011	
Vendas................................	58.000	100,00%	67.000	100,00%
Lucro Bruto	32.000	55,17%	37.000	55,22%
Lucro Operacional	6.000	10,34%	9.000	13,43%

A análise vertical propicia ao administrador financeiro uma maior facilidade na comparação dos valores apresentados, face à padronização percentual.

No exemplo da Cia. Amapá, visualizamos claramente a participação de cada item do circulante em relação ao seu total assim como sua evolução no exercício seguinte. O valor do disponível teve uma diminuição de 2,34% em relação ao Ativo Circulante quando comparado com o exercício subsequente, não obstante ter tido um acréscimo em termos de valores reais de 1.230 para 1.300.

3.4 – Análise Horizontal ou de Evolução

A finalidade da análise horizontal é permitir o exame da evolução histórica dos valores apresentados nos demonstrativos contábeis, como veremos no exemplo a seguir:

Balanço Patrimonial – Cia. Amapá

	2.010	2.011	Evolução	
Ativo Circulante				
Disponível	1.230	1.300	(+)	5,69%
Duplicatas a Receber	1.800	2.200	(+)	22,22%
Estoques	2.400	2.900	(+)	20,83%
Total 5.430		**6.400**	**(+)**	**17,86%**

Utilizando a análise horizontal, o administrador financeiro terá uma visão detalhada da evolução de cada item dos demonstrativos contábeis no decorrer do tempo e poderá visualizar tendências futuras, tendo condições de corrigir eventuais desvios dos objetivos propostos.

3.5 – Índices Financeiros

Os índices financeiros têm como função medir o desempenho da empresa no que se refere à sua liquidez, ao seu ciclo operacional, ao seu grau de endividamento e à sua rentabilidade. O seu cálculo é feito a partir das informações financeiras apresentadas no Balanço Patrimonial e no Demonstrativo de Resultado da empresa em análise. Os índices financeiros frequentemente utilizados pelas empresas são:

(Os exemplos foram extraídos dos demonstrativos da Cia. Amapá, vistos no início do capítulo.)

Índices de Liquidez

Medem a capacidade da empresa em cumprir suas obrigações.

Liquidez Imediata

Mostra a disponibilidade imediata da empresa (Caixa, bancos e aplicações de curto prazo) para pagar seu passivo circulante.

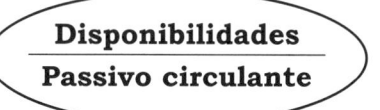

$$\frac{\text{Disponibilidades}}{\text{Passivo circulante}}$$

Exemplo: 2010 $\frac{1.230}{5.200} = 0,24$ 2011 $\frac{1.300}{5.790} = 0,22$

Esse índice pode ser interpretado da seguinte forma: a Cia. Amapá possuía disponível, em 2010, $ 0,24 para cada $ 1,00 devido no seu curto prazo, enquanto que, em 2011, esse número diminuiu para $ 0,22.

Liquidez Corrente

Mostra a posição da empresa no caso de utilização do seu ativo circulante para pagamento do seu passivo circulante.

$$\frac{\text{Ativo Circulante}}{\text{Passivo Circulante}}$$

Exemplo: 2010 $\frac{5.430}{5.200} = 1,04$ 2011 $\frac{6.400}{5.790} = 1,11$

Para cada $ 1,00 devido em 2010 no curto prazo (passivo circulante), a Cia. Amapá possuía em disponibilidades, bens e direitos também de curto prazo (ativo circulante) $ 1,04, e no ano de 2011, $ 1,11.

Liquidez Seca

Tem a mesma finalidade de mostrar o confronto do ativo circulante com o passivo circulante, todavia, no índice de liquidez seca, os estoques são excluídos por representarem bens que não têm data definida de realização.

$$\frac{\text{Ativo Circulante } (-) \text{ Estoques}}{\text{Passivo Circulante}}$$

Exemplo: 2010 $\frac{5.430 \, (-) \, 2.400}{5.200} = 0,58$ 2011 $\frac{6.400 \, (-) \, 2.900}{5.790} = 0,60$

Considerando apenas os itens do ativo circulante com data definida de realização, a empresa dispõe, para cada $ 1,00 devido no curto prazo, de $ 0,58 em 2010 e $ 0,60 em 2011.

Liquidez Geral

É o confronto dos bens e direitos de curto prazo mais os direitos de longo prazo com o total das exigibilidades.

$$\frac{\text{Ativo Circulante } (+) \text{ Realizável em Longo Prazo}}{\text{Passivo Circulante } (+) \text{ Exigível em Longo Prazo}}$$

Exemplo: 2010 $\frac{5.430 \, (+) \, 480}{5.200 \, (+) \, 3.000} = 0,72$ 2011 $\frac{6.400 \, (+) \, 600}{5.790 \, (+) \, 3.400} = 0,76$

Para cada $ 1,00 que a empresa deve a terceiros, ela dispõe no ativo circulante e no realizável em longo prazo de $ 0,72 em 2010 e $ 0,76 em 2011.

Índices de Atividade

Têm como função medir a velocidade com que as várias contas do circulante são convertidas em vendas ou interferem nas disponibilidades.

Giro de Duplicatas a Receber

Indica quantas vezes a empresa renova seu nível de duplicatas a receber no período.

$$\frac{\text{Vendas}}{\text{Duplicatas a Receber (média)}}$$

Exemplo: 2011 $\dfrac{67.000}{2.600 \ (+) \ 2.800 \ / \ 2} = 24,81$ vezes

A Cia. Amapá renovou suas duplicatas a receber 24,81 vezes no período.

Prazo Médio de Recebimento de Vendas

Quantos dias a empresa leva em média para receber uma duplicata.

$$\frac{360 \ (\text{número de dias do ano comercial})}{\text{Giro de Duplicatas a Receber}}$$

Exemplo: 2011 $\dfrac{360}{24,81} = 14,51$ dias

A Cia. Amapá demora, em média, 14,51 dias para receber uma duplicata.

Giro dos Estoques

Quantas vezes a empresa renova seus estoques no decorrer do período.

$$\frac{\text{Custo das Mercadorias Vendidas (CMV)}}{\text{Estoques (média)}}$$

Exemplo: 2011 $\dfrac{20.000}{2.400 \ (+) \ 2.900 \ / \ 2} = 7,55$ vezes

A Cia. Amapá renova seus estoques 7,55 vezes no período.

Prazo Médio dos Estoques

Quantos dias, em média, um item fica nos estoques da empresa no decorrer do período em análise.

$$\frac{360 \text{ (número de dias do ano comercial)}}{\text{Giro dos Estoques}}$$

Exemplo: 2011 $\frac{360}{7,55}$ = 47,68 dias

A Cia. Amapá mantém um item estocado, em média, por 47,68 dias.

Giro de Duplicatas a Pagar

Mostra o número de vezes que a empresa renova suas duplicatas a pagar durante o período.

$$\frac{\text{Compras}}{\text{Fornecedores (média)}}$$

Para o cálculo do índice, é necessário primeiramente calcularmos o valor de compras, e essa conta não está explicitada em nenhum dos demonstrativos contábeis em análise. O valor das compras do período pode ser obtido através da seguinte equação:

$$\text{Compras} = \text{CMV} (-) \text{ Estoque Inicial} (+) \text{ Estoque Final}$$

Exemplo: Compras 20.000 (–) 2.400 (+) 2.900 = 20.500

$$2011 \quad \frac{20.500}{1990 \ (+) \ 1.800/2} = 10,82 \text{ vezes}$$

A Cia Amapá gira suas duplicatas a pagar 10,82 vezes no período.

Prazo Médio de Pagamento

Quanto tempo, em dias, a empresa demora para pagar seus fornecedores no período.

$$\frac{360 \text{ (número de dias do ano comercial)}}{\text{Giro de Duplicatas a Pagar}}$$

Exemplo: 2011 $\quad \dfrac{360}{10,82} = 33,27$ dias

A Cia. Amapá demora, em média, 33,27 dias para pagar seus fornecedores.

Índices de Endividamento

Tem como finalidade determinar o grau de endividamento da empresa e sua capacidade de pagar as dívidas.

Grau de Endividamento

Mostra a parcela dos ativos comprometida com endividamento a terceiros.

$$\frac{\text{Passivo Exigível Total}}{\text{Ativo Total}}$$

Exemplo: 2011 $\quad \dfrac{5.790 \ (+) \ 3.400}{19.400} = 0,47$

Os números indicam que 47% do valor dos ativos da Cia. Amapá estão sendo financiados com capital de terceiros.

ANÁLISE FINANCEIRA DE DEMONSTRATIVOS CONTÁBEIS

Garantia de Capital de Terceiros

Indica a situação do capital de terceiros em relação ao capital próprio da empresa.

$$\frac{\text{Passivo Exigível Total}}{\text{Patrimônio Líquido}}$$

Exemplo: 2011 $\quad \dfrac{5.790\ (+)\ 3.400}{10.210} = 0{,}90$

A Cia. Amapá utiliza capital de terceiros para financiar suas atividades em uma proporção de 90% em relação ao capital próprio, ou seja, para cada $ 1,00 de capital próprio investido na empresa, ela teve, em 2011, $ 0,90 financiados por terceiros.

Índices de Rentabilidade

Medem o retorno que a empresa consegue em relação às suas vendas e ao seu investimento em ativos.

Rentabilidade das Vendas (Margem Líquida)

Mostra a capacidade da empresa em gerar lucros através das suas vendas.

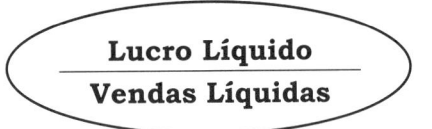

$$\frac{\text{Lucro Líquido}}{\text{Vendas Líquidas}}$$

Exemplo: 2011 $\quad \dfrac{5.040}{57.000} = 0{,}90$

Para cada $ 1,00 de venda, a Cia. Amapá teve um lucro líquido de $ 0,09.

Rentabilidade do Patrimônio Líquido

Determina o percentual de lucro em comparação ao Patrimônio Líquido.

$$\frac{\text{Lucro Líquido}}{\text{Patrimônio Líquido}}$$

Exemplo: 2011 $\frac{5.040}{10.210} = 0,49$

O lucro da Cia. Amapá representou no período 49% do capital da empresa, ou seja, para cada $ 1,00 investido pelos proprietários, a companhia deu de lucro $ 0,49.

Giro do Ativo

Indica a eficiência com que a empresa utiliza seus ativos para gerar vendas.

$$\frac{\text{Vendas}}{\text{Ativo Total}}$$

Exemplo: 2011 $\frac{67.000}{19.400} = 3,45$

A Cia. Amapá, através da utilização de seus ativos, gerou para cada $ 1,00 de ativo, $ 3,45 de vendas.

Retorno sobre o Ativo Total

Mostra a eficiência da empresa em utilizar seus ativos para gerar lucro

$$\frac{\text{Lucro Operacional}}{\text{Ativo total}}$$

Exemplo: 2011 $\frac{9.000}{19.400} = 0,46$

Para cada $ 1,00 de ativos, a Cia. Amapá conseguiu gerar $ 0,46 de lucro.

A análise financeira dos demonstrativos contábeis, para ter credibilidade no tocante à tomada de decisões por parte dos administradores financeiros, deve ser processada em um período que englobe vários exercícios para que possa ser criada uma perspectiva histórica. Além disso, deve também ser comparada a estudos setoriais da economia, onde o administrador financeiro poderá avaliar se a empresa está atuando dentro dos padrões apresentados pelo conjunto das empresas do mesmo segmento.

3.6 – Utilização da Informação Contábil

A informação contábil é uma ferramenta imprescindível na análise financeira das empresas, e sua utilização é bastante diversificada.

Existem vários grupos interessados nas informações contidas nos demonstrativos contábeis das empresas. Dentre eles, destacamos:

Sócios e Acionistas da Empresa A preocupação deste grupo de indivíduos é com relação à rentabilidade e segurança do investimento efetuado. Muitas vezes, essas pessoas não fazem parte da administração da empresa, mas precisam avaliar seu desempenho. Isso é conseguido através da análise dos relatórios contábeis.

Administradores e Executivos da Empresa É provavelmente o grupo que mais se utiliza das informações contábeis, pois são os indivíduos responsáveis pela tomada de decisões que, na maioria das vezes, são fundamentadas em projeções financeiras baseadas em informações extraídas dos demonstrativos contábeis.

Instituições Financeiras Utilizam as informações contábeis com a finalidade de analisar a saúde financeira das empresas. O objetivo é garantir o retorno dos investimentos efetuados e saber se as empresas estão operando de forma eficiente.

Governo O governo tem especial interesse nas informações contábeis das empresas. Primeiramente, é através dos demonstrativos contábeis que a maioria das empresas é tributada. Como exemplo, temos o Imposto de Renda que é taxado a partir das informações obtidas nos informativos contábeis.

Além disso, várias instituições governamentais utilizam as informações contábeis para análises e estudos globais e setoriais da economia.

Fornecedores Analisam a situação financeira das empresas porque desejam saber se podem entregar seus produtos e ter a segurança de que vão receber o pagamento nos prazos estipulados.

Clientes Dependem dos produtos fornecidos e necessitam avaliar a situação da empresa para se garantir contra eventuais interrupções no fornecimento de materiais.

Empresas Concorrentes É fundamental que os administradores de uma empresa estudem a situação dos concorrentes.

A avaliação do conjunto de empresas que atuam em determinado segmento forma um padrão de desempenho que poderá nortear decisões futuras.

Capítulo 4

Capital de Giro ou Capital Circulante

Temas em Discussão

- Ciclo das Operações Circulantes;
- Capital Circulante Líquido;
- Investimento em Capital Circulante;
- Risco x Retorno;
- Estratégias para Administração do Capital Circulante;
- Necessidade de Capital Circulante.

4.1 – Introdução

O Capital de Giro ou Capital Circulante representa o montante de recursos de curto prazo necessário para o financiamento do ciclo operacional da empresa, compreendendo o período que vai desde a aquisição de matérias-primas até a venda e recebimento do produto acabado.

Através da política de Capital de giro adotada pela empresa, serão tomadas as decisões de aquisição e estocagem de materiais, da evolução do processo produtivo e dos prazos de pagamentos e recebimentos de produtos.

Portanto, o estudo dos itens circulantes, caracteristicamente de curto prazo, é de fundamental importância como forma de sustentação e expansão das atividades empresariais.

O Capital de Giro é basicamente formado pelas contas que compõem o Ativo Circulante, correspondendo à parcela de capital investida pela empresa no curto prazo.

Em função das novas tecnologias, que tornam os controles financeiros mais eficazes, das taxas de juros que comprometem os recursos ociosos e da globalização da economia que trouxe consigo um aumento acentuado na agressividade da concorrência, a forma de administrar o Capital de Giro tem, nos últimos anos, merecido uma atenção especial por parte dos gestores financeiros das empresas.

4.2 – Ciclo das Operações Circulantes

O ciclo das operações circulantes é formado pela movimentação dos itens do ativo circulante, que se inicia com a saída dos recursos financeiros e se encerra com a sua volta após a realização das vendas.

Através do quadro a seguir, teremos uma ideia exata de como ocorre essa transformação.

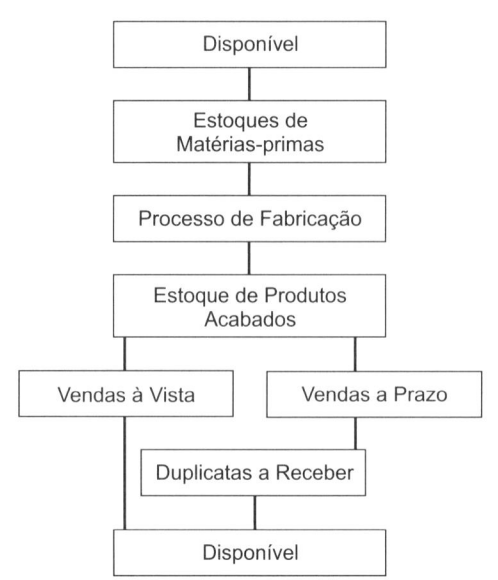

```
           Disponível
               |
      Estoques de
      Matérias-primas
               |
      Processo de Fabricação
               |
      Estoque de Produtos
           Acabados
          /         \
   Vendas à Vista   Vendas a Prazo
                         |
                 Duplicatas a Receber
                         |
                    Disponível
```

Os recursos saem do disponível através da compra de matérias-primas, que por sua vez passam pelo processo de fabricação transformando-se em produtos acabados, que ficarão estocados até o momento da venda. Se as vendas forem realizadas à vista, os recursos financeiros provenientes da transação retornam imediatamente ao disponível. Entretanto, se as vendas forem realizadas a prazo, os recursos somente retornarão ao disponível depois de passar por duplicatas a receber.

O ponto mais importante no ciclo das operações circulantes é que toda vez que ele se completa e retorna ao disponível, traz uma parcela adicional de recursos que é o lucro auferido na operação de venda. Todavia, juntamente com a lucratividade teremos o custo de depreciação, não desembolsável naquele momento, e que é representado pelo desgaste dos equipamentos quando utilizados no processo produtivo.

Diante disso, conclui-se que a preocupação do gestor financeiro na administração do ciclo das operações circulantes deve se concentrar na velocidade com que ele se completa, pois, como vimos, esse fato é o determinante da maior ou menor rentabilidade na empresa.

Outra característica do capital circulante é a sua baixa rentabilidade, o que a princípio deve fazer com que o administrador financeiro minimize o investimento nesse tipo de ativo.

Como podemos observar, o administrador financeiro se vê à frente do dilema RISCO x RETORNO. E como as decisões financeiras devem ser tomadas visando a maximização da riqueza dos proprietários, ele deve tentar obter a combinação ótima entre o risco e a rentabilidade, de forma que não mantenha montantes excessivos nem tampouco insuficientes de ativos circulantes, conseguindo, dessa forma, uma combinação que agregue valor à empresa.

Outro ponto a ser analisado é o que se refere ao relacionamento entre o capital circulante e o capital fixo da empresa. Quando ocorre uma alteração na estrutura de um deles, automaticamente o outro também é alterado, provocando maior ou menor rentabilidade.

O nível adequado de capital circulante não é um número que possa ser determinado genericamente para todas as empresas, pois além de depender das características próprias de cada empresa e do segmento onde atuam, depende ainda do desempenho da economia como um todo.

4.3 – Capital Circulante Líquido – CCL

BALANÇO PATRIMONIAL	
ATIVO	**PASSIVO**
Ativo Circulante	**Passivo Circulante**

Disponível
  Caixa
  Títulos Negociáveis
	Duplicatas a Pagar
	  Fornecedores

Realizável a Curto Prazo
  Duplicatas a Receber
	Contas a Pagar
	  Salários
	  Impostos

Estoques
  Produtos acabados
  Produtos em elaboração
  Matérias-primas
	Empréstimos Bancários

	Exigível a Longo Prazo
Realizável a Longo Prazo	**Patrimônio Líquido**
Ativo Permanente	

Nesse exemplo simplificado de Balanço Patrimonial, podemos visualizar as principais contas do ativo circulante e do passivo circulante que compõem os investimentos e financiamentos de curto prazo de uma empresa.

O ativo circulante é representado pelo <u>Disponível</u>, que são os recursos financeiros à disposição da empresa, pelas <u>Duplicatas a Receber</u>, que são os direitos a serem recebidos provenientes das vendas de produtos a prazo, e pelos <u>Estoques</u>, que são os insumos utilizados pela empresa no processo produtivo.

No passivo circulante temos: as <u>Duplicatas a Pagar</u>, oriundas de compras de insumos a prazo, as <u>Contas a Pagar</u>, originárias de serviços recebidos e ainda não pagos, e os <u>Empréstimos Bancários</u>, efetuados pela empresa.

A característica básica do ativo circulante e do passivo circulante é que são contas de curto prazo (realização em até um ano do encerramento do exercício social).

O capital circulante líquido (CCL) normalmente é definido como a diferença entre o ativo circulante e o passivo circulante.

Representa, em última análise, o confronto entre os bens e direitos de curto prazo menos as dívidas de curto prazo.

$$\boxed{\text{CCL} = \text{AC} (-) \text{PC}}$$

O **CCL** pode ser:

Positivo Quando o ativo circulante for maior que o passivo circulante; nesse caso o CCL será a parcela do investimento de curto prazo, financiada por passivos de longo prazo (exigível em longo prazo e patrimônio líquido).
Negativo Quando o ativo circulante for menor que o passivo circulante; situação em que o CCL representa a parcela de ativos de longo prazo, financiada através de passivos de curto prazo.
Nulo Quando o ativo circulante for igual ao passivo circulante; então estará sendo financiado totalmente por recursos de curto prazo.

Visualização do Capital Circulante Líquido

ATIVO	PASSIVO	ATIVO	PASSIVO	ATIVO	PASSIVO
AC	PC	AC	PC	AC	PC
RLP	ELP	RLP	ELP	RLP	ELP
AP	PL	AP	PL	AP	PL
CCL positivo		CCL nulo		CCL negativo	

Observamos claramente que, quanto maior for o CCL de uma empresa, menor será o seu risco de não poder pagar seus compromissos nos prazos estipulados.

Entretanto, vale ressaltar que, quando o CCL é positivo, significa que parte dos investimentos está sendo financiada por recursos de longo prazo e, caracteristicamente, de custo maior, o que afeta a rentabilidade.

Por outro lado, mesmo no caso de um CCL positivo, a empresa não tem nenhuma garantia de não se tornar insolvente, pois os desembolsos de recursos são relativamente previsíveis enquanto que as entradas de caixa são mais difíceis de prever. No caso das duplicatas a receber, podem ocorrer atrasos nos pagamentos dos clientes, e temos ainda os estoques, ativos sem data definida de realização, que dependem das vendas e posterior recebimento.

Mesmo assim, como é difícil a conciliação entre as entradas e saídas de caixa, é aconselhável um CCL positivo para a maioria das empresas.

4.4 – Investimento em Capital Circulante

A quantidade dos recursos alocados nos itens circulantes da empresa deve se destinar somente à sustentação de sua atividade operacional, visto que o ativo circulante é pouco rentável.

Dessa forma, voltamos ao dilema do administrador financeiro no que se refere à busca de maior rentabilidade envolvendo o menor risco. A determinação do volume adequado de ativos circulantes a serem mantidos deverá, portanto, atender ao objetivo básico da administração, ou seja, maximizar o retorno dos proprietários minimizando seu risco.

> *"Normalmente, as empresas buscam manter um equilíbrio entre ativos e passivos circulantes e entre vendas e cada categoria de ativos circulantes em suas operações. Enquanto esse equilíbrio for mantido, os passivos circulantes podem ser pagos em tempo, os fornecedores continuarão a embarcar os produtos e a restabelecer os estoques e estes serão suficientes para atender à demanda de vendas. No entanto, se a situação financeira fica fora de equilíbrio, os problemas surgem e se multiplicam, e a empresa pode entrar rapidamente em uma espiral declinante que leva à falência."*
>
> (Weston & Brigham – 2000)

A dificuldade encontrada para a definição do montante adequado de investimento em ativos circulantes é o grau de incerteza que se apresenta pelo fato de a análise ser feita através de projeções futuras, o que nem sempre vai coincidir com o desejado.

Diante de tantas incertezas, o administrador financeiro quando determina o investimento em capital circulante deve ter em mente os seguintes aspectos:

Os recursos aplicados em caixa devem ser suficientes para fazer frente aos desembolsos previstos e alguns não previstos.

Adotar uma política de duplicatas a receber que permita o crescimento ou a manutenção das vendas sem aumento dos níveis de inadimplência.

Manter estoques mínimos, porém sem correr riscos de perder vendas ou provocar atrasos no processo produtivo.

4.5 – Estratégias para Administração do Capital Circulante

Para os investimentos necessários à manutenção de sua atividade, uma empresa tem necessidades de financiamentos que podem ser divididas em:

Necessidades Permanentes

São as necessidades de financiamentos que se mantêm fixas ao longo do ano, e são representadas pelos ativos permanentes somados à parte do ativo circulante que não apresenta alterações durante o período. Referem-se às necessidades mínimas de curto prazo da empresa durante um período determinado. Constitui-se em um investimento de recursos que periodicamente se repete, assumindo, assim, um caráter permanente.

Necessidades Sazonais

São as necessidades de financiamento referentes à parcela dos ativos circulantes que apresentam alterações no decorrer do período. Como exemplo, podemos citar um aumento das vendas em certos períodos que vão demandar a necessidade de aquisição de maior volume de estoque, provocando aumento nas duplicatas a receber e na conta de fornecedores, provocando variações eventuais no ativo circulante.

Cabe ao administrador financeiro determinar o montante dos financiamentos adequados à cada situação e, para isso, ele dispõe de algumas estratégias.

Estratégia Agressiva

É a que a empresa adota quando utiliza basicamente recursos de curto prazo para o financiamento de todas as necessidades sazonais e ainda uma parcela das necessidades permanentes.

Implicações Quando a empresa mantém esse tipo de postura, reduz seu custo pelo fato de os recursos de curto prazo serem mais baratos que os de longo prazo. Porém, o risco tende a aumentar em função de a empresa, nesse tipo de estratégia, trabalhar com um CCL muito pequeno e, em alguns casos, até nulo.

Estratégia Conservadora

É a que consiste em financiar as suas necessidades de recursos através de financiamentos de longo prazo.

Implicações Normalmente, essa estratégia é utilizada para minimizar o risco devido ao fato de a empresa trabalhar com alto nível de CCL. Por outro lado, essa estratégia faz com que a empresa arque com despesas financeiras sobre recursos em excesso e de maior custo, afetando inevitavelmente sua rentabilidade.

A maioria das empresas, quando elabora sua estratégia para administrar o capital circulante, utiliza-se de uma situação intermediária entre a conservadora e a agressiva, buscando um custo de dimensões que não comprometa sua rentabilidade e um nível de risco que não prejudique sua estabilidade, conseguindo, assim, um equilíbrio aceitável no dilema RISCO x RETORNO.

ESTUDO DE CASO – CIA. BAHIA

A Cia. Bahia preparou uma projeção de suas necessidades de financiamentos para o próximo ano e solicitou aos administradores financeiros da empresa uma análise do custo desses financiamentos através das estratégias agressiva e conservadora.

- **Projeção das Necessidades de Financiamento**

  Necessidades permanentes = $ 1.500.000 mensais

Necessidades Sazonais

Mês	Valor
Janeiro	$ 800.000
Fevereiro	$ 900.000
Março	$ 700.000
Abril	$ 1.200.000
Maio	$ 1.600.000
Junho	$ 1.900.000
Julho	$ 1.300.000
Agosto	$ 1.100,000
Setembro	$ 1.000.000
Outubro	$ 900.000
Novembro	$ 700.000
Dezembro	$ 600.000

Os custos estimados referentes aos financiamentos são os seguintes:

- Curto prazo = 15%
- Longo prazo = 20%

CAPITAL DE GIRO OU CAPITAL CIRCULANTE

RESPOSTA:

	Necessidades de Financiamento				
Mês	Ativo Circulante	Ativo Permanente	Total	Necessidade Permanente	Necessidade Sazonal
janeiro	800.000	1.500.000	2.300.000	2.100.000	200.000
fevereiro	900.000	1.500.000	2.400.000	2.100.000	300.000
março	700.000	1.500.000	2.200.000	2.100.000	100.000
abril	1.200.000	1.500.000	2.700.000	2.100.000	600.000
maio	1.600.000	1.500.000	3.100.000	2.100.000	1.000.000
junho	1.900.000	1.500.000	3.400.000	2.100.000	1.300.000
julho	1.300.000	1.500.000	2.800.000	2.100.000	700.000
agosto	1.100.000	1.500.000	2.600.000	2.100.000	500.000
setembro	1.000.000	1.500.000	2.500.000	2.100.000	400.000
outubro	900.000	1.500.000	2.400.000	2.100.000	300.000
novembro	700.000	1.500.000	2.200.000	2.100.000	100.000
dezembro	600.000	1.500.000	2.100.000	2.100.000	0
Total				25.200.000	5.500.000

Estratégia Agressiva

Necessidades sazonais médias

$ 5.500.000 / 12 = $ 458.333

Custo das necessidades sazonais médias

$ 458.333 x 15% = $ 68.750

Necessidades permanentes médias

$ 25.200.000 / 12 = $ 2.100.000

Custo das necessidades permanentes médias

$ 2.100.000 x 20% = $ 420.000

Custo total das necessidades

$ 68.750 + $ 420.000 = **$ 488.750**

> **Estratégia Conservadora**
> **Necessidades totais de financiamento**
> maior necessidade junho = $ 3.400.000
> **Custo das necessidades de financiamento**
> $ 3.400.000 x 20% = **$ 680.000**

Análise

CUSTOS
Estratégia agressiva = $ 488.750
Estratégia conservadora = $ 680.000

CCL
Definição: ativos circulantes financiados com recursos de longo prazo.

Estratégia Agressiva

- Financiamento de longo prazo $ 2.100.000
- (–) Ativos permanentes $ 1.500.000
- CCL..$ 600.000

Estratégia Conservadora

- Financiamento de longo prazo $ 3.400.000
- (–) Ativos permanentes $ 1.500.000
- CCL..$ 1.900.000

Na estratégia agressiva, o CCL é menor, $ 600.000, e o custo também é menor, $ 488.750. Porém, o risco é maior.

Na estratégia conservadora, temos um alto nível de CCL, $ 1.900.000, elevando o custo dos financiamentos para $ 680.000, o que prejudicou a rentabilidade, mas reduziu sensivelmente o risco.

4.6 – Necessidade de Capital Circulante

Entendendo o funcionamento dos componentes do Capital de Giro ou Circulante, já podemos elaborar o demonstrativo que vai mostrar a evolução dos itens de curto prazo da empresa.

Evolução do Capital de Giro			
	Mês 1	Mês 2	Mês 3
ATIVO CIRCULANTE			
Saldos Bancários			
Banco A	10.000,00	10.000,00	10.000,00
Banco B	32.000,00	36.000,00	18.000,00
Banco C	58.000,00	72.000,00	64.000,00
Total	**100.000,00**	**118.000,00**	**92.000,00**
Caixa	**10.000,00**	**10.000,00**	**10.000,00**
Aplicações Financeiras	**250.000,00**	**270.000,00**	**240.000,00**
Duplicatas a Receber			
Vencidas (+) 30 dias	22.000,00	26.000,00	36.000,00
Vencidas até 30 dias	38.000,00	40.000,00	42.000,00
A Vencer	360.000,00	340.000,00	380.000,00
Total	**420.000,00**	**406.000,00**	**458.000,00**
Estoques			
Matérias-primas	300.000,00	310.000,00	340.000,00
Embalagens	20.000,00	22.000,00	24.000,00
Total	**320.000,00**	**332.000,00**	**364.000,00**
Total do Ativo Circulante	**1.100.000,00**	**1.136.000,00**	**1.164.000,00**
PASSIVO CIRCULANTE			
Fornecedores	**280.000,00**	**270.000,00**	**260.000,00**
Cts. a Pagar	**70.000,00**	**80.000,00**	**70.000,00**
Empréstimos	**250.000,00**	**250.000,00**	**250.000,00**
Total do Passivo Circulante	**600.000,00**	**600.000,00**	**580.000,00**
CAPITAL DE GIRO LÍQUIDO	**500.000,00**	**536.000,00**	**584.000,00**

Como podemos observar no exemplo acima, periodicamente o comportamento dos itens circulantes sofre alterações. Cabe ao gestor financeiro fazer a análise dessas mutações verificando o impacto delas nas atividades operacionais da empresa, tais como: aumento ou redução dos recebíveis, posição das disponibilidades, comportamento dos itens estocados, nível e perfil do endividamento etc.

As empresas que não gerenciam de forma adequada seus itens circulantes, acabam por não tomar as decisões no momento oportuno, ficam mais endividadas que o necessário e têm muito mais dificuldade em negociar com seus clientes e fornecedores.

Capítulo 5

Fontes de Financiamento de Curto Prazo

Temas em Discussão

- Fontes Internas de Financiamentos;
- Fontes Externas de Financiamentos.

Para o desenvolvimento de suas atividades, uma empresa necessita de financiamentos, que são recursos obtidos de terceiros e que têm como finalidade suprir suas necessidades de investimentos.

As principais fontes de financiamento de curto prazo utilizadas usualmente pelas empresas são:

5.1 – Fontes Internas

Duplicatas a Pagar – representada pelos fornecedores, é a principal fonte interna de financiamento de curto prazo de que dispõe a empresa, e é proveniente da compra de insumos a prazo.

Os fornecedores, quando concedem crédito a uma empresa, estão na verdade financiando uma parte das suas necessidades circulantes. Entretanto, como o fornecedor inclui no preço do produto o valor referente à espera pelo recebimento, é importante ressaltar a relevância de uma análise no custo desse financiamento a fim de compará-lo com outras opções disponíveis no mercado.

5.1.1 – Contas a Pagar

Constitui-se na segunda fonte interna de financiamento em curto prazo, sendo oriunda de serviços já recebidos pela empresa e que têm uma data futura para pagamento.

Podemos incluir nessa condição os impostos a pagar, incorridos pelas empresas através das suas atividades normais e que possuem um prazo determinado para pagamento, os salários dos funcionários, que trabalham durante todo o mês e recebem no quinto dia útil do mês subsequente, dentre outros. A grande vantagem dessa fonte de financiamento é que ela é utilizada pelas empresas sem nenhum custo adicional.

5.2 – Fontes Externas

Constituem-se nas operações financeiras disponíveis para suprir as necessidades operacionais das empresas, são desenvolvidas basicamente no mercado de crédito que é constituído pelas instituições financeiras e têm como objetivo atender à demanda por recursos de curto e médio prazos da economia. As modalidades de crédito mais usuais são:

5.2.1 – Desconto de Duplicatas

Duplicata é um título de crédito, originário da compra e venda mercantil ou da prestação de serviços.

O desconto de duplicatas representa a negociação desse título de crédito em alguma data anterior à de seu vencimento. É uma transferência de direitos futuros através do pagamento de uma compensação financeira.

5.2.2 – Empréstimo com Garantia de Caução de Duplicatas

É um empréstimo obtido pela empresa junto a uma instituição financeira, oferecendo como garantia duplicatas de sua emissão que, quando pagas, irão amortizando o valor dos empréstimos e dos respectivos juros contratados.

A grande diferença entre o desconto de duplicatas e o empréstimo com caução de duplicatas é o fato de no desconto os juros serem cobrados antecipadamente e na caução, periodicamente, geralmente a cada trinta dias, o que pode ter significativa influência no cálculo efetivo da operação.

Nas duas modalidades de financiamento, a empresa responde diretamente pelo pagamento das duplicatas entregues e, no caso de inadimplência por parte dos clientes, terá que arcar com todos os custos envolvidos na operação.

5.2.3 – Empréstimo em Moeda Estrangeira – Resolução 3844 do Banco Central do Brasil

É uma linha de crédito destinada ao financiamento de capital de giro ou ativo fixo das empresas.

O repasse é em reais e indexado ou não a moedas estrangeiras. A captação é feita no exterior pelas instituições financeiras credenciadas, através de empréstimo ou de lançamento de títulos (eurobônus, notes etc.).

Essa modalidade é oferecida preferencialmente às empresas exportadoras.

5.2.4 – Vendor *Finance*

Financiamento das Vendas – Empréstimo em que o banco adianta ao vendedor os valores referentes às suas vendas de produtos à vista e cobra do comprador, a prazo, os valores acrescidos dos encargos financeiros estipulados.

O vendedor firma um contrato junto ao banco no qual estarão estabelecidas as condições das operações.

É uma operação de financiamento de vendas baseada no princípio da cessão de crédito, que permite a uma empresa vender seu produto a prazo e receber o pagamento à vista.

Para cada negócio, o vendedor emite em seu próprio nome, e em nome do comprador, uma planilha de financiamentos contendo a relação das notas fiscais e as condições do negócio. Os recursos são liberados para o vendedor e a dívida é paga pelo comprador no vencimento combinado.

Nesse tipo de operação, o vendedor fica responsabilizado pelos financiamentos concedidos aos compradores.

Vantagens do *Vendor*

- Nos casos em que a empresa efetua vendas a prazo, evidentemente inclui no preço dos produtos os encargos financeiros provenientes da espera pelo recebimento. Como os impostos sobre o faturamento (IPI, ICMS, PIS, COFINS, ISS) são calculados sobre o valor total das notas fiscais, esse custo financeiro acrescido vai incidir diretamente na carga tributária, aumentando os custos. Nas operações de *vendor*, as notas fiscais são tiradas à vista, proporcionando uma carga fiscal menor;
- A empresa consegue, através da redução de custos, um preço mais competitivo para seus produtos;
- A empresa antecipa o recebimento dos créditos, o que provoca um impacto positivo na situação de caixa;
- Como as operações são firmadas através de contrato, a empresa reforça o vínculo de negócios com seus clientes;
- Por outro lado, oferece um ganho para esses clientes, ou seja, um preço menor pelo mesmo prazo de pagamento, atrativo este que ajuda a viabilizar o negócio.

É uma modalidade de financiamento de vendas para empresas, na qual quem contrata o crédito é o vendedor do bem, mas quem paga o crédito é o comprador. Assim, as empresas vendedoras deixam de financiar os clientes, elas próprias, e dessa forma param de recorrer aos empréstimos de capital de giro nos bancos ou aos seus recursos próprios para não se descapitalizar e/ou pressionar seu caixa.

5.2.5 – COMPROR FINANCE

Existe uma operação inversa ao *Vendor*, denominada *Compror*, que ocorre quando pequenas indústrias vendem para grandes lojas comerciais. Nesse caso, em vez de o vendedor (indústria) ser o fiador do contrato, o próprio comprador é que funciona como tal.

Trata-se, na verdade, de um instrumento que dilata o prazo de pagamento de compra sem envolver o vendedor (fornecedor). O título a pagar funciona como "lastro" para o banco financiar o cliente que vai lhe pagar em data futura pré-combinada, acrescido de juros.

Como o *Vendor*, esse produto também exige um contrato-mãe definindo as condições básicas da operação que será efetivada quando do envio ao banco dos contratos-filhos, com as planilhas dos dados dos pagamentos que serão financiados.

5.2.6 – Empréstimo com Garantia de Nota Promissória

A nota promissória é um título de dívida emitido por pessoa física ou jurídica comprometendo-se a pagar um determinado valor em uma determinada data futura.

Muitas vezes, a empresa necessita de um empréstimo para o financiamento de suas atividades e não pode, ou não quer, dispor de suas duplicatas entregando-as a uma instituição financeira como garantia. Geralmente, quando esse fato ocorre, a empresa emite uma nota promissória a favor do banco e, com a aprovação deste, levanta os recursos desejados, pagando o empréstimo na data estipulada na nota promissória.

Normalmente, a Instituição financeira exige que a nota promissória seja avalizada pelos diretores da empresa, que respondem solidariamente pelo empréstimo.

5.2.7 – *Hot Money*

É um termo amplamente utilizado por instituições financeiras; é aplicado para dar sentido às operações de empréstimos de dinheiro em curto prazo.

A finalidade desses empréstimos de curto prazo (*Hot Money*) é o financiamento de capital de giro para as empresas cobrirem despesas imediatas sem ter que efetivar contratos de empréstimos burocráticos.

Com essa modalidade de capital de giro, o empresário consegue dinheiro rápido em curtíssimo prazo.

A utilização desse produto financeiro serve para ajustar o deslocamento de dinheiro do caixa de forma mais rápida, com muita facilidade, sem entraves burocráticos.

Os recursos disponibilizados podem ser aplicados pela empresa da forma que quiser e não há necessidade de comprovar o uso ou destino.

O *Hot Money* opera com prazos de 1 até 29 dias para o pagamento; em geral, a liquidação é feita diretamente através de débito em conta bancária.

5.2.8 – Penhor Mercantil

É uma modalidade de financiamento em que a empresa oferece como garantia, através de um contrato, bens de sua propriedade, livres de ônus, em valor suficiente para quitação do débito.

Os bens ficam geralmente sob a guarda da empresa que, como fiel depositária, compromete-se, em caso de inadimplência, a quitar o empréstimo contratado através da entrega ao credor dos bens estipulados no contrato.

É um direito real de garantia, segundo o qual o devedor entrega uma coisa móvel ou mobilizável ao credor, com a finalidade de garantir o pagamento do débito.

5.2.9 – Empréstimo com Garantia de Alienação Fiduciária

É uma forma de empréstimo, no qual a empresa oferece como garantia à instituição financeira o próprio bem financiado, ou outro de sua propriedade, livre de ônus e com a anuência do credor.

Alienação fiduciária é transferir a propriedade de um determinado bem sem, contudo, transferir a respectiva posse, que se mantém com o alienante.

O bem ficará alienado ao credor até o pagamento total da dívida. Em caso de inadimplência, o credor (proprietário fiduciário) pode solicitar judicialmente uma ação de busca e apreensão do bem alienado. De posse do bem, o agente credor poderá vendê-lo a terceiros, utilizando o produto da venda para quitação do débito.

O saldo que porventura houver após a quitação da dívida, será devolvido ao devedor.

Entretanto, se o valor apurado não for suficiente para o pagamento da dívida, o devedor continuará obrigado a pagar o saldo restante.

5.2.10 – *Commercial Paper*

Commercial paper é uma nota promissória comercial, emitida por sociedade por ações, com a finalidade de conseguir recursos no mercado financeiro para suprir suas necessidades de capital de giro.

É uma modalidade extremamente interessante de captação de recursos, pois propicia às empresas a oportunidade de, fora do sistema bancário, atender suas necessidades operacionais.

Os *commercial papers* não podem ser emitidos por instituições financeiras, corretoras de valores e sociedades de arrendamento mercantil (*Leasing*).

Características dos *Commercial Papers*

- Os *commercial papers* têm algumas características próprias e obedecem à legislação específica.
- É proibido o resgate dos títulos através de nova emissão. Portanto, a empresa, para novos lançamentos, precisa estar em dia com as emissões anteriores.
- O prazo de resgate dos títulos é de no mínimo 30 dias e no máximo 360 dias para sociedades de capital aberto. No caso de sociedades de capital fechado, o prazo máximo é de 180 dias.
- A empresa obrigatoriamente deverá fazer a colocação dos títulos no mercado através de uma instituição financeira.
- O título é uma nota promissória comercial, e depois de negociada, fica sob a custódia do banco que realizou a operação.
- É possível a venda do título antes do seu vencimento. Nesse caso, a titularidade é transferida através de endosso ao novo comprador.

"A primeira emissão de *commercial paper* no Brasil foi realizada pela Dow Química S/A, coordenada pelo Banco Garantia, com anúncio de distribuição publicado no dia 16/01/92 no jornal Gazeta Mercantil, com as seguintes características:
- Valor: CR$ 100.000.000.000,00
- Quantidade: 1.000 notas promissórias de valor nominal de CR$ 100.000.000,00
- Prazo 30 dias
- Remuneração: à vista, mediante deságio sobre o valor nominal, negociado entre as partes (tomador e aplicador) no ato da subscrição.
- Registro da CVM: SEP/GER/RNP – 92/001."

(Di Agustini – Pág. 66)

5.2.11 – *Factoring* Fomento Comercial

Factoring é a prestação contínua e cumulativa de assessoria mercadológica e creditícia, de seleção de riscos, de gestão de crédito, de acompanhamento de contas a receber e de outros serviços, conjugada com a aquisição de créditos de empresas, resultantes de suas vendas mercantis ou de prestação de serviços, realizadas a prazo.

(Definição aprovada na convenção diplomática de Otawwa – /88, da qual o Brasil foi uma das 53 nações signatárias)

Portanto, o *Factoring* sendo uma atividade de fomento comercial pode prestar os seguintes serviços:

- Assessoria creditícia e mercadológica;
- Gestão de crédito e risco;
- Administração de contas a pagar e receber;
- Compra de direitos creditícios resultantes de vendas mercantis a prazo ou prestação de serviços.

O *factoring* não representa basicamente uma operação de crédito entre uma empresa e uma instituição financeira.

Nesse tipo de transação financeira, a empresa simplesmente vende suas duplicatas a uma instituição de crédito credenciada, que será responsável pelos recebimentos e terá que arcar com todos os riscos envolvidos no negócio.

As decisões de crédito nesse tipo de negócio serão tomadas pelo *Factor*, pois somente dessa forma se conseguirá um nível de risco aceitável que possa viabilizar o negócio.

O *Factor* é uma empresa mercantil, tendo que ser registrada na Junta Comercial. Como não é considerada uma instituição financeira, não está sujeita à fiscalização pelo Banco Central ou Conselho de Valores Mobiliários.

Sendo considerada atividade mercantil, o *factoring* somente pode utilizar recursos do sistema econômico para repassar a seus clientes, através da emissão de debêntures ou *commercial papers*. Outra possibilidade é obter recursos nas Instituições financeiras.

Uma empresa de *factoring* somente pode operar no mercado até o limite do seu capital social.

A escolha por parte do administrador financeiro da modalidade mais adequada de financiamento a ser utilizada vai depender, além da análise dos custos envolvidos, das peculiaridades de cada empresa e, ainda, das características de cada negócio como, por exemplo, prazo da necessidade do recurso financeiro, montante envolvido, tipo do ativo a ser financiado etc.

ESTUDO DE CASO – CIA. BELO HORIZONTE

(Cálculo do custo efetivo de uma emissão de *Commercial Paper*)

Para efetuarmos o cálculo de captação de recursos para capital de giro através da emissão de *commercial papers*, vamos utilizar a fórmula proposta por Di Agustini (pág. 67).

A Cia. Belo Horizonte vai fazer um lançamento de *commercial papers* e precisa saber qual a taxa efetiva dessa operação. As informações disponíveis são as seguintes:

- Valor da emissão: R$ 10.000.000,00;
- Prazo: 30 dias;
- Despesas com publicações e distribuição: R$ 25.000,00;
- Custo de oportunidade para o investidor (outras alternativas de investimento): CDB – Certificado de Depósito Bancário com remuneração líquida de 1,5% ao mês;
- Remuneração oferecida: 2% ao mês (a remuneração oferecida deve ser maior que o custo de oportunidade para que o investimento seja atrativo);
- Taxa de registro na CVM: 0,4%.

RESOLUÇÃO:

$$i = \left(\frac{RE}{CE - DE} - 1 \right) \times 100$$

Em que:

RE = Resgate dos *commercial papers* emitidos.
CE = Valor da captação.
DE = Despesas de emissão (taxa de registro na CVM, publicações e distribuição).

$$i = \left(\frac{10.200.000,00}{10.000.000,00 - 65.000,00} - 1 \right) \times 100$$

$\boxed{i = 2,67\%}$

A captação de recursos para suprir a necessidade de capital de giro da empresa, através da emissão de *commercial papers*, vai custar 2,67% ao mês. Essa taxa deve ser comparada às outras fontes de financiamento de curto prazo disponíveis no mercado, antes de o negócio ser viabilizado.

Capítulo 6

Administração do Disponível

Temas em Discussão

- Motivo da Existência de Recursos Financeiros Disponíveis;
- Estratégias para Administração do Disponível;
- Ciclo Operacional;
- Ciclo Financeiro.

6.1 – Introdução

Caixa – É um ativo em forma de moeda corrente, que tem como finalidade efetuar o pagamento das obrigações imediatas da empresa.

Títulos Negociáveis – São investimentos de curto prazo e alta liquidez, que têm como objetivo proteger recursos temporariamente inativos.

Caixa e Títulos negociáveis formam o ativo disponível, o mais líquido e o que apresenta a menor rentabilidade para a empresa. E o objetivo básico da administração de caixa é investir o menor montante de recursos possível nesse ativo, em função do mesmo não proporcionar rentabilidade nem tampouco retorno operacional à empresa. Entretanto, o administrador financeiro deve estar atento ao fato de que os recursos devem estar disponíveis toda vez que houver necessidade de um desembolso de caixa, ficando assim garantida uma liquidez que possa dar sustentação às atividades operacionais da empresa.

Para decidir a proporção mais adequada entre o investimento desses dois tipos de ativo, o administrador financeiro deve sempre buscar aquela decisão que proporcione um equilíbrio entre os custos de oportunidade (benefícios que a empresa deixa de obter ao optar por investimentos em ativos menos rentáveis) e os custos de transação (custos incorridos pela empresa quando necessita buscar recursos no mercado de crédito ou negocia no mercado monetário sua carteira de títulos negociáveis).

> "A administração de caixa tem mudado significativamente nos últimos 20 anos em decorrência de dois fatores. Primeiramente, as taxas de juros têm apresentado uma tendência à expansão na maior parte do tempo, o que vem aumentando o custo de oportunidade de manter caixa e encorajando os gerentes financeiros a procurar meios mais eficientes de administrar o caixa da empresa. Em segundo lugar, novas tecnologias, particularmente os mecanismos computadorizados de transferência eletrônica de recursos, têm tornado possível uma melhor administração de caixa."
>
> *(Brigham & Weston – 2000.)*

6.2 – Motivos da Existência de Saldos de Caixa

De acordo com "Keynes", existem três motivos que fazem com que empresas e pessoas mantenham um determinado volume de recursos no disponível.

Transação É a necessidade de se manter disponibilidades para fazer frente a compromissos previamente assumidos, provenientes das atividades normais.

Uma empresa assume compromissos que culminam em desembolsos com datas específicas. Como exemplo disso, podemos citar as compras de matérias-primas, os salários etc.

Precaução Este segundo motivo refere-se à margem de segurança da empresa em relação a desembolsos não previstos, e que normalmente acontecem na condução normal dos negócios.

Esses gastos não previstos, na maioria das vezes, estão relacionados ao aumento da inadimplência por parte dos clientes, à substituição não prevista de algum equipamento da área produtiva etc.

Geralmente, os recursos destinados ao motivo precaução são investidos em títulos negociáveis de fácil liquidez.

Especulação São oportunidades inesperadas que, se aproveitadas, podem trazer ganhos extraordinários à empresa. Como exemplo, podemos citar a compra de um lote de estoques a preços abaixo dos praticados pelo mercado.

Em épocas de alto índice inflacionário, como foi o caso brasileiro durante muitos anos, as empresas, a título de especulação, mantinham disponibilidades para aplicação em ativos do mercado financeiro. Eram investimentos muito mais atrativos e de melhor retorno do que se os recursos fossem aplicados no setor produtivo.

Saldo Apropriado de Caixa

O saldo apropriado de caixa envolve um equilíbrio entre os custos de oportunidade da manutenção de um saldo excessivo e os custos de transação decorrentes da manutenção de um saldo muito pequeno.

Como sabemos, um investimento em excesso reduz a rentabilidade, enquanto que um investimento muito pequeno aumenta os riscos de a empresa se tornar inadimplente.

Uma forma bastante aceitável de a empresa estipular seu saldo de caixa é através dos valores apurados no Orçamento de Caixa (projeção das entradas e saídas de recursos financeiros em um determinado período).

Quando a empresa elabora seu Orçamento de Caixa, ela tem a previsão dos saldos de caixa durante todo o período. Adicionando-se a esses valores os estoques de caixa de segurança para fazer frente às incertezas das previsões, teremos um saldo de caixa calculado de forma razoável.

Uma empresa, para administrar corretamente suas disponibilidades, depende também dos prazos demandados para comprar os insumos, transformá-los através do processo de fabricação em produtos acabados, vendê-los e, finalmente, receber os recursos provenientes dessa venda. Todo esse processo está contido no que chamamos de ciclo operacional e ciclo financeiro.

6.3 – Ciclo Operacional e Ciclo Financeiro

Ciclo Operacional

É representado pelo período de tempo compreendido entre a aquisição da matéria-prima e o recebimento pela venda do produto acabado.

$$CO = PME + PMRV$$

CO Ciclo operacional
PME Prazo médio de estocagem
PMRV Prazo médio de recebimento de vendas

Ciclo Financeiro ou de Caixa

Corresponde ao tempo compreendido entre o pagamento da matéria-prima e o recebimento pela venda do produto acabado. É representado pelo ciclo operacional menos o espaço de tempo de que a empresa dispõe para efetuar o pagamento referente à compra dos insumos (prazo médio de pagamentos – PMP).

$$CF = PME + PMRV - PMP$$
$$OU$$
$$CF = CO - PMP$$

Exemplo – Cia. Ipiranga

A Cia. Ipiranga é uma pequena empresa que vende todos os seus produtos a prazo. Os prazos médios apresentados são os seguintes:

PME	60 dias
PMRV	30 dias
PMP	25 dias

Determinar os ciclos Operacional e Financeiro e elaborar o gráfico demonstrativo.

RESPOSTA

CO = 60 + 30	CO = 90 dias
CF = 60 + 30 – 25	CF = 65 dias

Ciclo Operacional (90 dias)

```
0           25          60          90
Compra das              PME         Recebimento
matérias-primas PMP                 das vendas
```

Ciclo Financeiro (65 dias)

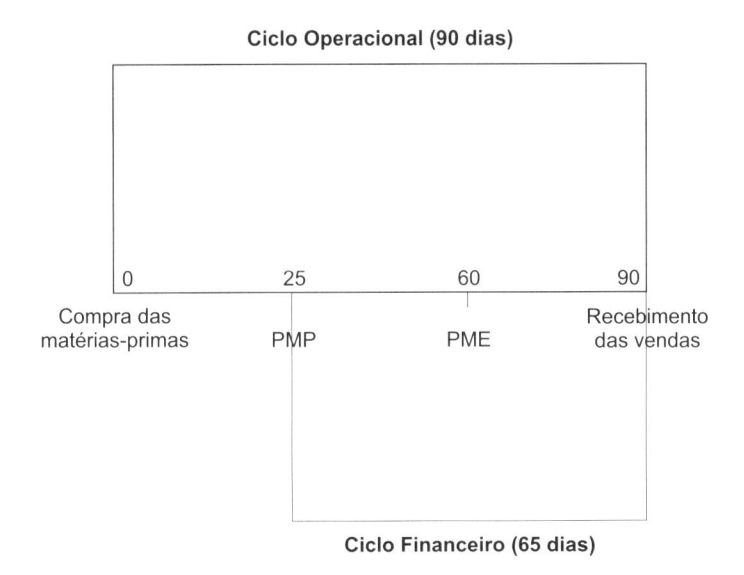

A Cia. Ipiranga apresenta um ciclo financeiro positivo, o que indica a necessidade de utilização de financiamentos. No caso do ciclo financeiro positivo, que é a situação mais comum entre as empresas, deve-se empregar algumas estratégias que possam minimizar o problema sem, contudo, prejudicar as vendas ou a possibilidade de comprar a crédito.

No exemplo da Cia. Ipiranga, os prazos médios de estoque, de recebimento de vendas e de pagamento a fornecedores foram informados. Lembramos que os cálculos para apuração dos prazos médios operacionais foram explicados no capítulo 3, "Análise Financeira de Demonstrativos Contábeis".

6.4 – Estratégias para a Administração das Disponibilidades

O administrador financeiro, para determinar o nível ideal de disponibilidades, deve sempre considerar os custos envolvidos em cada decisão. As estratégias mais comumente utilizadas na administração do saldo de caixa são basicamente medidas que têm como finalidade buscar um equilíbrio entre custo e risco e estão sempre relacionadas aos prazos médios que compõem o ciclo operacional.

Maior eficiência na administração dos valores a receber, agilizando assim as entradas de caixa. Hoje, em função da informatização, existe uma integração entre as empresas e as instituições financeiras que permite o acesso imediato às informações referentes às entradas de recursos provenientes do pagamento de vendas por parte dos clientes.

Negociação com fornecedores e clientes, visando postergar o máximo possível os pagamentos e acelerar os recebimentos. Entretanto, essa estratégia deverá ser utilizada de forma a não prejudicar as vendas ou comprometer o crédito da empresa.

Utilização de descontos financeiros dentro de limites aceitáveis com o fim de antecipar recebimentos e reduzir risco.

Eficácia na administração do fluxo de caixa da empresa, obtendo assim melhor adequação entre as datas de pagamento e recebimento.

Redução dos prazos de estocagem e produção através de medidas que acelerem os giros dos estoques, reduzam os níveis de matérias-primas estocadas ou introduzam técnicas e processos mais eficientes que reduzam o período do ciclo produtivo.

Aplicação eficaz dos recursos temporariamente inativos. A empresa dispõe no mercado monetário de várias aplicações de curto prazo que podem propiciar um rendimento a esses recursos ociosos, minimizando assim o investimento em um ativo sem rentabilidade.

A aplicação dos recursos inativos por curtos períodos é uma preocupação constante do administrador financeiro, cuja tarefa é procurar sempre investir esses recursos em ativos financeiros de melhor rendimento e de menor risco. Esse tipo de negócio é feito através das instituições que atuam junto ao mercado monetário.

Mercado Monetário

O mercado monetário é um relacionamento financeiro entre indivíduos, empresas, governos e instituições financeiras que, por um lado, possuem recursos ociosos que desejam aplicar em algum tipo de ativo que produza um rendimento e, por outro lado, precisam eventualmente de recursos temporários para fazer frente às suas obrigações correntes.

O mercado monetário é o instrumento que possibilita o encontro entre esses vários agentes econômicos que, de acordo com as necessidades, vão se tornar fornecedores ou tomadores de recursos.

Os negócios do mercado monetário são normalmente efetuados através da compra e venda de títulos de dívida de curto prazo, instrumentos esses chamados de valores mobiliários negociáveis que são emitidos pelas empresas, instituições financeiras e governos.

As transações do mercado monetário são efetuadas pelos bancos e por instituições especializadas denominadas *Dealers*.

Dealers São instituições que compram instrumentos de dívida no mercado monetário para revenda. São especialistas que orientam os agentes econômicos a respeito das características dos títulos a serem transacionados.

Os principais títulos de dívida transacionados no mercado monetário são:

- **Letras do Tesouro Nacional** – São títulos de dívida pública emitidos pelo governo. Apresentam, geralmente, rendimentos menores que outras aplicações de mesmo prazo, em virtude de serem considerados sem risco, por estarem garantidos pelo tesouro Nacional.
- **Certificados de Depósito Bancário** – São títulos negociáveis, emitidos pelos bancos comerciais, que comprovam o depósito de um determinado valor a ser resgatado em uma data futura previamente estipulada, acrescido dos juros correspondentes.
- ***Commercial Paper*** – Nota promissória emitida por empresas, notadamente as que apresentam alto conceito junto ao mercado, resgatável nos vencimentos previamente estipulados, acrescida dos juros combinados por ocasião da transação.

"FIFs" – Fundos de Investimento Financeiro – Regulamentados em 1995, substituindo os antigos fundos de renda fixa e de commodities, são carteiras compostas por vários títulos negociáveis, administrados por bancos ou empresas especializadas, que vendem quotas da carteira (conjunto dos títulos negociáveis a serem transacionados) aos agentes econômicos interessados. As características dos Fundos de Investimento Financeiro são:

- Liquidez imediata.
- Rentabilidade compatível com o mercado.
- Baixo custo transacional.

Pela facilidade de transação e administração altamente profissionalizada, os Fundos de Investimento Financeiro cresceram significativamente nos últimos anos, conseguindo a preferência dos investidores.

O Mercado monetário é marcado também pelo controle da liquidez exercida pelo Banco Central. Nesse caso, a liquidez diz respeito ao volume de papel moeda em circulação, ou seja, ao volume de dinheiro que está transitando livremente pela economia. Por exemplo, um grande fluxo de recursos pode trazer um custo menor pelo dinheiro (taxas de juros baixas), porém um consumo muito forte pode gerar inflação no curto e médio prazos, desequilibrando a economia.

ESTUDO DE CASO – CIA. CEARÁ

Com base nas informações contábeis da Cia. Ceará, determinar seu ciclo operacional e financeiro e elaborar o gráfico demonstrativo.

Balanço Patrimonial
Ativo Circulante
　　Disponível 8.000,00
　　Duplicatas a receber 40.000,00
　　Estoques 50.000,00
Total 98.000,00

Passivo Circulante
　　Fornecedores...30.000,00
　　Contas a pagar...26.000,00
　　Empréstimos bancários...28.000,00
Total 84.000,00

Demonstrativo de Resultado
　　Vendas...500.000,00
　　(–) Custo das mercadorias vendidas (CMV).................350.000,00

Outras Informações
　　Estoque final do ano anterior 40.000,00

RESPOSTA

A) Cálculo do prazo médio de estoques, do prazo médio de recebimento de vendas e do prazo médio de pagamento a fornecedores.

- Giro dos estoques (350.000 / 50.000) .... 7 vezes
- Prazo médio de estoques (360 / 7) .... 51 dias

- Giro de duplicatas a receber (500.000 / 40.000) .... 12,5 vezes
- Prazo médio de recebimento de vendas (360 / 12,5) .... 28 dias

- Giro de duplicatas a pagar (350.000 – 40.000 + 50.000 / 30.000)..12 vezes
- Prazo médio de pagamento a fornecedores (360 / 12) .... 30 dias

B) Cálculo do ciclo operacional.

$$CO = 51 \text{ dias} + 28 \text{ dias } 79 \text{ dias}$$

ADMINISTRAÇÃO DO DISPONÍVEL

C) Cálculo do ciclo financeiro.

$$CF = 79 \text{ dias} - 30 \text{ dias } 49 \text{ dias}$$

D) Gráfico demonstrativo do ciclo operacional e financeiro.

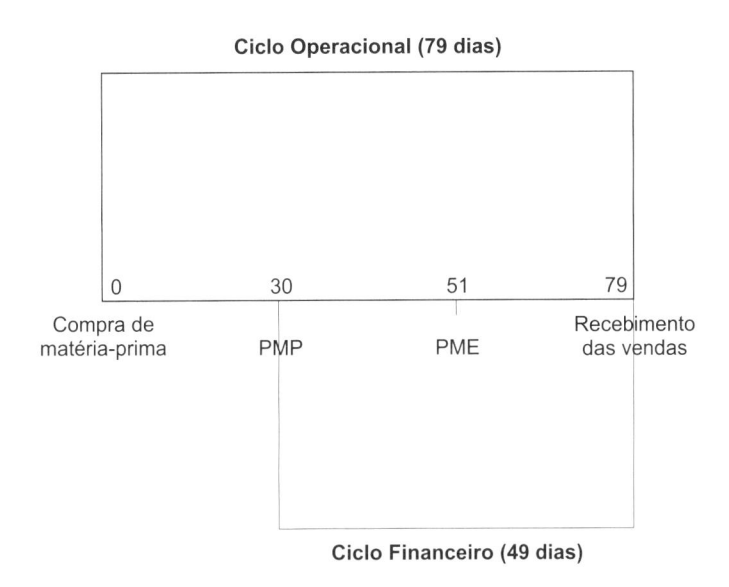

```
                Ciclo Operacional (79 dias)
    ┌──────────────────────────────────────────┐
    │                                          │
    │                                          │
    │                                          │
    │  0          30            51          79 │
    └──────────────────────────────────────────┘
    Compra de    PMP           PME      Recebimento
    matéria-prima                       das vendas
                 └────────────────────────────┘
                     Ciclo Financeiro (49 dias)
```

A Cia. Ceará tem um ciclo operacional de 79 dias, período de tempo em que é efetuada a compra da matéria-prima, que posteriormente sofre uma transformação através da utilização da mão de obra durante seu processo produtivo e, depois do produto elaborado, ele é vendido ao cliente e finalmente pago, completando-se o ciclo.

O ciclo financeiro é de 49 dias, período que vai do momento em que a empresa desembolsa recursos para pagamento dos insumos aos seus fornecedores até o momento em que esses recursos retornam ao caixa através do recebimento da venda dos produtos.

Capítulo 7

Administração de Duplicatas a Receber

Temas em Discussão

- Seleção de Crédito;
- Informações de Crédito;
- Política de Crédito;
- Desconto Financeiro;
- Política de Cobrança.

7.1 – Introdução

O administrador financeiro tem como objetivo maximizar o lucro esperado. Nos casos em que a margem de lucro é grande, a possibilidade de a empresa optar por uma política de crédito liberal é plenamente justificável. Contudo, quando a margem de lucro é relativamente pequena, a flexibilização do crédito pode como consequência aumentar o nível de incobráveis, comprometendo assim a rentabilidade.

Outro fator importante na política de duplicatas a receber é o montante de recursos que a empresa pode investir. Os volumes de recursos investidos em capital de giro podem determinar maiores ou menores volumes de vendas. Se a empresa possuir recursos limitados, terá dificuldade em conceder crédito a prazos mais longos, comprometendo a ampliação das vendas. Por outro lado, se a empresa estiver em condições de investir em duplicatas a receber, ao flexibilizar o crédito corre o risco de ter um aumento em seu nível de incobráveis. Cabe então ao administrador financeiro buscar um equilíbrio que minimize o dilema risco-retorno.

Quando uma empresa vende seus produtos a prazo, como é o caso da maioria das empresas, a principal decisão a ser tomada, e sem dúvida a mais difícil, é a que se refere à concessão do crédito. Nesse momento, o administrador financeiro se vê à frente de três questões básicas:

A quem vender?
Quanto vender?
Em que condições vender?

A análise da concessão do crédito tem que ser baseada em dois aspectos fundamentais. Primeiramente, nas fontes de informações disponíveis combinadas com a evolução da conjuntura econômica. Em segundo lugar, em uma forte dose de bom senso, pois muitas vezes vale aceitar um determinado risco considerando que o cliente tem potencial para tornar-se regular e confiável futuramente.

A gestão do crédito é composta por várias etapas:

Condições de vendas É a forma pela qual a empresa vai efetuar a venda de seu produto ao cliente. Essa fase envolve: prazo de pagamento, concessão ou não de descontos etc.
Seleção do crédito É a avaliação da capacidade creditícia de cada cliente. Essa seleção é feita através de informações e análises financeiras.
Volume de crédito É a determinação do volume de crédito a ser concedido a cada cliente. É uma decisão que envolve os riscos que uma empresa está disposta a aceitar.

Política de crédito É o estabelecimento dos padrões de crédito. Refere-se a que tipo de política a empresa vai adotar para efetuar a cobrança de seus créditos. Política rígida ou política flexível, procedimentos a serem adotados em relação aos maus pagadores etc.

7.2 – Seleção de Crédito

O objetivo da seleção do crédito é determinar a quais clientes pode ser concedido crédito e em que proporções. Para essa seleção, é imprescindível que a empresa possua as informações necessárias e os métodos apropriados para fazer uma avaliação adequada.

Os analistas financeiros, com a finalidade de minimizar o risco das vendas a prazo, frequentemente utilizam-se, para orientar suas análises, do que se costuma chamar de os "5 Cs" do crédito.

Trata-se de um enfoque tradicional, desenvolvido por Eugene F. Brighan e J. F. Weston, que através da análise de cinco variáveis procura determinar a capacidade creditícia de um solicitante de crédito.

Caráter É uma avaliação histórica do comportamento do solicitante de crédito quanto à sua disposição em pagar corretamente suas obrigações. É uma análise de sua integridade, honestidade, moral etc. Essa avaliação pode ser feita através de informações sobre o procedimento passado do cliente no tocante à pontualidade nos pagamentos, ações judiciais pendentes etc.

Capacidade É o potencial do cliente frente ao crédito solicitado. Uma empresa de porte muito pequeno, apesar de não ter restrições no mercado, somente poderá obter um crédito compatível com sua capacidade em cumpri-lo.

Capital É a análise do grau de endividamento do cliente e de sua solidez financeira. É o estudo do nível de endividamento da empresa relacionado ao risco do crédito concedido.

Colateral São as garantias adicionais apresentadas pelo solicitante de crédito. São os ativos de propriedade da empresa que, em caso de insolvência, poderão garantir o crédito.

Condições É a análise das condições da conjuntura econômica no momento da concessão do crédito. São as variações apresentadas pela economia e que podem influenciar a capacidade de pagamento do solicitante de crédito.

Informações de Crédito

É o processo de avaliação para determinar as condições da concessão do crédito a um cliente. As principais fontes de informações de crédito são:

Informações internas São utilizadas quando o solicitante de crédito teve experiências passadas com a empresa, e esta possui suas próprias informações históricas quanto ao comportamento do cliente.

Demonstrativos financeiros É a análise dos principais demonstrativos contábeis da empresa que está pleiteando o crédito, na qual serão levantadas informações referentes à sua liquidez, atividade, endividamento e lucratividade.

Trocas diretas de informações de crédito É o intercâmbio entre empresas do mesmo segmento que trocam informações financeiras sobre a liquidez e pontualidade nos pagamentos de clientes em comum.

Consulta bancária Muitas vezes, a empresa consegue informações sobre o cliente que está solicitando o crédito juntamente aos bancos onde mantém negócios. O banco, por ser uma instituição altamente especializada em análises de crédito, é uma fonte interessante de informações comerciais.

Empresas especializadas em informações de crédito Existem atualmente inúmeras instituições especializadas em análise de crédito que fornecem relatórios detalhados e padronizados sobre a situação financeira das empresas. Esses relatórios incluem informações sobre a pontualidade, o endividamento e ainda acusam a eventual existência de títulos protestados e ações judiciais pendentes.

A utilização desses serviços tem crescido muito nos últimos anos, sendo que a maioria das grandes empresas, e notadamente os bancos, não faz concessão de crédito aos seus clientes sem antes consultar uma dessas instituições.

7.3 – POLÍTICA DE CRÉDITO

A política de crédito de uma empresa visa, além do incremento no volume de vendas e de um equilíbrio entre risco e retorno, uma adequação entre os custos envolvidos no padrão de crédito adotado.

Se a empresa adotar uma política de crédito liberal, aumentando o prazo de pagamento dos clientes, provavelmente aumentará seu volume de vendas. Todavia, aumentará também os riscos com inadimplência, os investimentos em duplicatas a receber e retardará as entradas de recursos em caixa.

As alterações que vierem a ocorrer na política de crédito das empresas afetam sensivelmente:

- Volume de vendas.
- Despesas com inadimplência.
- Despesas gerais de crédito.
- Despesas com cobranças.
- Custo do investimento marginal em duplicatas a receber.

Volume de vendas Se os padrões de crédito forem rígidos, o volume de vendas deve diminuir, pois um menor número de empresas terá acesso ao crédito. Se, ao contrário, a empresa adotar uma política mais flexível, afrouxando o crédito, o volume de vendas deve crescer.

Despesas com devedores inadimplentes É o risco que a empresa espera correr dentro do padrão estipulado em sua política de crédito.
Normalmente é definido como um percentual do volume de vendas. Quando ocorre mudança na política de crédito da empresa, esse número sofre alterações, diminuindo quando a política é restritiva e aumentando quando é liberal.
Despesas gerais de crédito São as despesas incorridas durante o processo de análise e seleção do crédito referentes a salários de pessoas especializadas, materiais utilizados, pagamento a empresas de informações etc.
Despesas com cobranças São os gastos com o serviço da cobrança das duplicatas e englobam as taxas cobradas pelos bancos, despesas com ações judiciais etc. Uma política liberal aumenta o montante desses gastos, enquanto que uma política restritiva tem o efeito inverso.
Custo do investimento marginal em duplicatas a receber Refere-se ao custo que a empresa tem por investir em um ativo sem retorno em detrimento de outros mais rentáveis. É o chamado custo de oportunidade. É calculado a partir de um percentual fixado pela empresa para investimentos em outros ativos, normalmente ativos financeiros.

Exemplo de alteração nos padrões de crédito Situação atual

Prazo de pagamento concedido aos clientes................................30 dias
Ordem de protesto por atraso no pagamento...............5º dia após vcto.
Suspensão do crédito por atraso..............................15º dia após vcto.

Situação Proposta

Prazo de pagamento concedido aos clientes................................45 dias
Ordem de protesto por atraso no pagamento...............8º dia após vcto.
Suspensão do crédito por atraso..............................20º dia após vcto.

No exemplo acima, a empresa optou por uma política mais flexível, afrouxando o crédito. Poderia ter feito o inverso, quando estaria arrochando o crédito, tornando-o mais rígido.

7.4 – Desconto Financeiro

A concessão de descontos financeiros é uma alternativa bastante aceitável de incrementar vendas e ao mesmo tempo minimizar o risco, diminuindo também as despesas com cobranças. O problema do desconto financeiro é que, se não for bem equacionado, vai trazer um impacto negativo à rentabilidade da empresa por incidir diretamente no lucro.

Os descontos financeiros são abatimentos concedidos aos clientes para antecipação do pagamento da compra, e geralmente são introduzidos visando atingir alguns objetivos, tais como:

Aumento de vendas Tornando as condições de vendas mais atrativas, a empresa espera trazer novos clientes, ampliando assim o volume de vendas.
Redução das necessidades de caixa Com a implementação do desconto financeiro, a empresa anteciparáo recebimento dos recursos, fato este que proporciona um reflexo positivo em suas necessidades de caixa.
Redução das perdas com inadimplência Espera-se uma diminuição nos índices de devedores inadimplentes. Os clientes, para se beneficiarem do desconto financeiro, deverão pagar suas duplicatas nos respectivos vencimentos.
Redução do investimento em valores a receber Como supostamente as duplicatas serão recebidas com antecedência, o nível de duplicatas a receber será menor, diminuindo também o investimento nesse tipo de ativo.

7.5 – Risco na Concessão do Crédito

Risco é a probabilidade de o resultado de uma ação ser diferente do esperado. Para que o administrador financeiro possa tomar decisões adequadas com relação ao gerenciamento do crédito, precisa, em primeiro lugar, diferenciar risco de incerteza.

Enquanto o risco ocorre quando o administrador toma uma decisão fundamentada em informações objetivas e confiáveis, a incerteza acontece quando não há disponibilidade de informações aceitáveis, portanto, a decisão é tomada de forma subjetiva.

Na concessão do crédito, o administrador deve eliminar a incerteza, o que não exclui a possibilidade do risco.

Como o risco é uma variável que não pode ser eliminada do processo, resta ao administrador financeiro saber como administrá-lo, utilizando ferramentas que possam minimizar seus efeitos.

Outra questão importante refere-se aos tipos de risco envolvidos na concessão do crédito, que podem apresentar dois aspectos:

Risco da Operação Quando o cliente não paga por motivos específicos oriundos daquela operação de venda, como avaliação creditícia feita de forma inadequada, limite de crédito concedido acima da capacidade do cliente etc.
Risco do Mercado Quando a falta de pagamento acontece por fatores externos que fogem do controle da empresa, como, por exemplo, mudança na conjuntura econômica (Recessão, Planos Governamentais, Mudança brusca no câmbio etc.).

7.6 – Política de Cobrança

- **Introdução**

A política de cobrança de uma empresa pode ser definida como o conjunto de procedimentos adotados para o recebimento dos créditos provenientes das duplicatas a receber, por ocasião dos seus respectivos vencimentos.

A eficiência da política de cobrança vai ter um reflexo no nível de inadimplentes ou incobráveis. Entretanto, vale ressaltar que o volume de inadimplência de uma empresa não depende somente da política de cobrança adotada, mas, sobretudo, dos critérios utilizados na concessão do crédito. Porém, na maioria dos casos, espera-se que um maior investimento no setor de cobrança reduza a perda com incobráveis.

- **Vendas X Cobrança**

Para um perfeito sincronismo que realmente agregue valor à empresa, os membros do departamento de cobrança devem trabalhar em conjunto com o pessoal de vendas, fato este que não ocorre em muitas empresas.

Em empresas extremamente departamentalizadas, muitas vezes as metas dos departamentos se sobrepõem aos objetivos globais da organização, o que cria uma situação de antagonismo entre os vários setores. Essa posição conflitante é muito comum entre os departamentos de cobrança e vendas, e quando eles não trabalham em harmonia, a empresa incorre em perdas.

O departamento de cobrança é, na verdade, uma extensão do departamento de vendas e não pode ser visto apenas como um órgão cobrador de dívidas, pois sua atuação, além de influenciar vendas futuras, está permanentemente vendendo a imagem da empresa credora.

Outro ponto importante a ser salientado é que, em última análise, a cobrança é parte integrante da venda. Uma venda só se completa com o recebimento do crédito.

- **Procedimentos de Cobrança**

Por ocasião do vencimento das duplicatas a receber, a empresa necessita de mecanismos que possam viabilizar o recebimento dos créditos.

A grande maioria das empresas utiliza como agentes de cobrança as instituições financeiras, que são altamente especializadas e possuem uma grande rede de agências, o que além de facilitar o pagamento por parte dos devedores, agiliza a entrada dos recursos no caixa da empresa.

O principal problema enfrentado pelo departamento de cobrança é com os clientes que não pagam as duplicatas nos respectivos vencimentos. Quando isso ocorre, a empresa precisa utilizar outros mecanismos de cobrança, como veremos a seguir.

A política de cobrança pode ser formal ou informal. A cobrança formal (escrita) tem como vantagem oferecer regras claras, porém apresenta uma desvantagem que é a pouca flexibilidade.

A cobrança precisa também atender a aspectos legais e éticos. Não é permitido, por exemplo, exercer a cobrança através de coação, ameaça ou constrangimento. E quem o fizer, estará sujeito às penas da lei.

- **Instrumentos de Cobrança**

    Os principais instrumentos de cobrança são:

    - Correspondência (Correio, Fax, E-mail etc.);
    - Telefone;
    - Visita pessoal;
    - Empresas de cobrança;
    - Cobrança judicial.

Os instrumentos de cobrança disponíveis à empresa possuem custos e níveis de eficácia variados. Portanto, o ponto inicial e mais importante é definir a relação entre custo e eficácia que a empresa pretende adotar.

EXEMPLO

INSTRUMENTO	NÍVEL DE CUSTO	NÍVEL DE EFICÁCIA
Correspondência	baixo	baixo
Telefone	médio	médio
Visita Pessoal	alto	alto

Como podemos visualizar no quadro acima, quanto maior é o custo da ferramenta utilizada na cobrança, maior sua eficácia.

O meio ideal de cobrança deve ser determinado pela empresa através de métodos que diminuam o custo e tenham um grau de eficácia aceitável.

Correspondência

O objetivo da correspondência é fazer com que a mensagem seja entendida pelo devedor, para que sejam tomadas as providências para regularização do débito.

Muitas vezes, a cobrança por correspondência tem um mau desempenho em função de erros cometidos na sua elaboração.

A correspondência de cobrança deve conter:

- Descrição detalhada do débito (vencimento, valores etc.).
- Sanções quanto ao não pagamento do débito (protesto da duplicata etc.).
- Informar o modo como o pagamento pode ser efetuado (depósito em conta corrente bancária, pagamento na empresa, visita do cobrador etc.).

Ocorrem casos em que, mesmo a correspondência sendo bem dimensionada, não surte o efeito desejado. Antes de optar pela correspondência, deve-se analisar se o perfil da dívida é adequado à utilização desse instrumento ou, ainda, se o devedor é sensível a esse tipo de abordagem.

Telefone

O telefone é, provavelmente, o instrumento mais utilizado na cobrança.

Pode parecer um procedimento simples, todavia, quando mau utilizado, pode trazer efeitos danosos à empresa, como perda do cliente, não recebimento amigável da dívida etc.

Para se fazer uma cobrança via telefone, são necessários alguns procedimentos. A seguir descreveremos os principais:

A ligação deve ser planejada. Quando falamos com o devedor, devemos ter disponíveis todas as informações referentes à dívida (montante, composição, tempo de vencida etc.).

Registrar em formulários apropriados tudo o que ficar acertado. Informar ao devedor os procedimentos a serem adotados, caso o pagamento não seja efetuado.

Para que a cobrança por telefone seja completa, há ainda a necessidade de um acompanhamento do que ficou acertado.

- Verificar se o débito foi quitado conforme o ajustado.
- Caso não tenha sido quitado, fazer o planejamento de novo contato telefônico.
- Optar pela utilização de outros procedimentos de cobrança.

Vantagens da cobrança telefônica

- A reação do devedor é sentida instantaneamente.
- Não tem custo elevado.
- Oferece a possibilidade de acordo imediato.
- Possibilita a coleta de informações adicionais que poderão ajudar no recebimento do crédito.

- **Visita Pessoal**

A visita pessoal é uma técnica bastante utilizada pelas empresas. Além de ser um mecanismo de maior eficiência no recebimento de atrasados, permite ao credor uma visão geral da situação em que se encontra a empresa devedora. Usualmente, é usada quando a dívida é em volume grande ou quando outros instrumentos como correspondência e telefone não surtiram efeito.

Mais do que o simples ato de realizar uma cobrança, visitar o cliente significa atender a outros objetivos organizacionais, tais como:

- Obter uma imagem real do nível de atividade do cliente;
- Vislumbrar novas oportunidades de negócio;
- Observar e identificar situações que vão muito além dos demonstrativos contábeis do cliente e que podem influenciar significativamente os riscos envolvidos na concessão do crédito (mão de obra ociosa, equipamentos sem utilização, layout inadequado etc.);
- Estabelecer entre empresa e cliente uma relação de confiança mútua.

Empresas de Cobrança

O credor tem a opção de transferir seus devedores incobráveis a empresas especializadas em cobrança.

Uma empresa utiliza serviços terceirizados de cobrança por três motivos básicos:

- Quando as duplicatas atrasadas ultrapassam o limite determinado pela empresa.
- Quando a empresa já pôs em prática todos os instrumentos de cobrança disponíveis.
- Quando o custo da cobrança compromete o valor do crédito.

Cobrança Judicial

Esgotadas todas as possibilidades de recebimento amigáveis, restará à empresa credora a cobrança judicial através do protesto das duplicatas. Porém, é uma medida que, além de extrema, pode trazer outras consequências, como forçar o devedor a requerer uma concordata preventiva, comprometendo o total do crédito e reduzindo a probabilidade de negociações futuras.

Além das ferramentas disponíveis para efetuar a cobrança dos créditos vencidos, a empresa muitas vezes adota mecanismos de pressão contra os devedores inadimplentes, como, por exemplo, a suspensão do fornecimento de materiais enquanto a dívida não for quitada.

Dentre os instrumentos de cobrança à sua disposição, a empresa vai sempre optar por aqueles menos traumáticos e que propiciem uma maior possibilidade de entendimento com o devedor, pois é desejável que, além de receber a dívida, o cliente seja mantido.

As técnicas mais agressivas de cobrança somente devem ser utilizadas após esgotarem-se todas as tentativas de acordos amigáveis.

ADMINISTRAÇÃO DE DUPLICATAS A RECEBER

ESTUDO DE CASO – CIA. ESPÍRITO SANTO

A Cia. Espírito Santo, no intuito de conseguir um incremento nas vendas, está analisando uma proposta para alterar seus padrões de duplicatas a receber. Os dados apresentados são os seguintes:

- Vendas anuais (todas a prazo) 1.200.000,00
- Custo fixo.. 350.000,00
- Custo variável (50% das vendas)... 600.000,00
- Prazo médio de recebimento de vendas................................... 30 dias
- Perda com devedores incobráveis (2% das vendas).................. 24.000,00

Segundo estudo dos técnicos, a mudança aumentará as vendas da empresa em 15%. Entretanto, o prazo médio de recebimento de vendas aumentará para 60 dias e os devedores incobráveis passarão dos atuais 2% das vendas para 4% das vendas.

O retorno exigido pela empresa que corresponde ao seu custo de oportunidade é de 15% ao ano.

Analisar a viabilidade da mudança dos padrões de crédito da Cia. Espírito Santo.

Análise:

1) Organização dos dados para análise

situação atual

Vendas anuais 1.200.000,00
Custo fixo.. 350.000,00
Custo variável (50% das vendas)... 600.000,00
Perda com incobráveis (2% das vendas) 24.000,00
Prazo médio de recebimento de vendas...................................... 30 dias

Situação proposta

Vendas anuais (acréscimo de 15%)....................................... 1.380.000,00
Custo fixo.. 350.000,00
Custo variável (50% da vendas).. 690.000,00
Perda com incobráveis (4% das vendas) 55.200,00
Prazo médio de recebimento de vendas...................................... 60 dias

2) Contribuição marginal aos lucros

Situação atual
Vendas $ 1.200.000,00
(–) Custo variável $ 600.000,00
(–) Custo fixo $ 350.000,00
$ 250.000,00

Situação proposta
Vendas $ 1.380.000,00
(–) Custo variável $ 690.000,00
(–) Custo fixo $ 350.000,00
$ 340.000,00

Contribuição marginal aos lucros $ 90.000,00

3) Custo do investimento marginal em duplicatas a receber

Giro de duplicatas a receber

$$360 \,/\, PMRV$$

Situação atual
360 / 30 = 12

Situação proposta
360 / 60 = 6

Investimento médio em duplicatas a receber

$$\frac{\text{Custo variável total}}{\text{Giro de duplicatas a receber}}$$

Situação atual
$ 600.000,00 / 12
= $ 50.000,00

Situação proposta
$ 690.000,00 / 6
= $ 115.000,00

Investimento marginal em duplicatas a receber

$ 115.000,00 – $ 50.000,00 = $ 65.000,00

Custo do investimento marginal em duplicatas a receber

$ 65.000,00 × 15% (Custo de oportunidade) = **$ 9.750,00**

ADMINISTRAÇÃO DE DUPLICATAS A RECEBER

4) Custo marginal com devedores incobráveis

Situação proposta .... $ 55.200,00
Situação atual... $ 24.000,00
                                                                         $ 31.200,00

5) Análise da proposta

Contribuição marginal aos lucros..$ 90.000,00
(–) Custo do investimento marginal em duplicatas a receber..... $ 9.750,00
(–) Custo marginal com devedores incobráveis....................$ 31.200,00
Ganho marginal líquido com a implementação da proposta .. **$ 49.050,00**

ESTUDO DE CASO – CIA. GOIÁS

A Cia. Goiás está pretendendo analisar o impacto de uma alteração em sua atual política de crédito através da introdução de um desconto financeiro.

Os atuais padrões da Cia. Goiás são os seguintes:

- Vendas anuais a prazo... 1.200.000,00
- Custo fixo... 350.000,00
- Custo variável (50% das vendas).. 600.000,00
- Perda com devedores incobráveis (2% das vendas) 24.000,00
- Prazo médio de recebimento de vendas.................................... 30 dias

O desconto financeiro a ser introduzido é de 3% para os clientes que pagarem em 15 dias.

A empresa espera que com a introdução do desconto financeiro, 50% de suas vendas passem a ser feitas com desconto e tenham um aumento de 10%.

Espera-se também que o período médio de recebimento de vendas caia para 15 dias e as perdas com incobráveis para 1% das vendas.

O retorno exigido pela empresa referente a seu custo de oportunidade é de 15% ao ano.

Analisar a viabilidade da mudança nos padrões de crédito da Cia. Goiás.

Análise:

---

1) Organização dos dados para análise

situação atual

Vendas anuais	$ 1.200.000,00
Custo fixo	$ 350.000,00
Custo variável (50% das vendas)	$ 600.000,00
Perda com devedores incobráveis (2% das vendas)	$ 24.000,00
Prazo médio de recebimento de vendas	30 dias

Situação proposta

Vendas anuais	$ 1.320.000,00
Custo fixo	$ 350.000,00
Custo variável (50% da vendas)	$ 660.000,00
Perda com devedores incobráveis (1% das vendas)	$ 13.200,00
Desconto financeiro ($ 660.000,00 × 3%)	$ 19.800,00
Prazo médio de recebimento de vendas	15 dias

---

2) Contribuição marginal aos lucros

Situação atual		Situação proposta	
Vendas	$ 1.200.000,00	Vendas	$ 1.320.000,00
(–) Custo variável	$ 600.000,00	(–) desconto	$ 19.800,00
(–) Custo fixo	$ 350.000,00	Vendas líquidas	$ 1.300.200,00
	$ 250.000,00		
		(–) Custo variável	$ 600.000,00
		(–) Custo fixo	$ 350.000,00
			290.200,00
Contribuição marginal aos lucros		**$ 40.200,00**	

3) Custo do investimento marginal em duplicatas a receber

Giro de duplicatas a receber

$$360 \, / \, PMRV$$

Situação atual
360 / 30 = 12

Situação proposta
360 / 15 = 24

Investimento médio em duplicatas a receber

$$\frac{\text{Custo variável total}}{\text{Giro de duplicatas a receber}}$$

Situação atual
$ 600.000,00 / 12
= $ 50.000,00

Situação proposta
$ 660.000,00 / 24
= $ 27.500,00

Investimento marginal em duplicatas a receber

$ 27.500,00 − $ 50.000,00 = (−) $ 22.500,00

Ganho marginal com investimento em duplicatas a receber

$ 22.500,00 × 15% (Custo de oportunidade) = **$ 3.375,00**

---

4) Custo marginal com incobráveis

Situação atual ....$ 24.000,00
Situação proposta ....$ 13.200,00
Ganho marginal com incobráveis ....$ 10.800,00

---

5) Análise da proposta

Contribuição marginal aos lucros..$ 40.200,00
(+) Ganho marginal no investimento em duplicatas a receber... $ 3.375,00
(+) Ganho marginal com devedores incobráveis ....$ 10.800,00
Ganho marginal líquido com a implementação da proposta .. **$ 54.375,00**

Capítulo 8

Gestão dos Estoques

Temas em Discussão

- O Processo Produtivo;
- Planejamento e Controle do Estoque;
- Retorno do Investimento em Estoque;
- Métodos de Avaliação do Estoque.

8.1 – Introdução

A administração dos estoques na maioria das empresas é de responsabilidade do setor de produção, não do setor financeiro. Porém, como os estoques representam uma parcela significativa do ativo circulante e influenciam diretamente as decisões financeiras, faz-se necessário um estudo sobre as técnicas utilizadas na sua organização e controle para que possamos entender sua influência nos outros ativos.

Os estoques são ativos que por sua magnitude e características próprias exigem grande complexidade em seu planejamento, administração e controle, cujas falhas poderão elevar, sobremaneira, o risco financeiro da empresa.

8.2 – O Processo Produtivo

Definição de Produção

"A função produção é entendida como o conjunto das atividades que levam à transformação de um bem em outro de maior utilidade."

(Martins e Laugeni)

Funções do Planejamento da Produção

Toda empresa tem como finalidade ter um produto ou serviço final que exceda as expectativas dos clientes e contemple as perspectivas de ganho da empresa. Para que isso ocorra, deve ser estabelecida uma estratégia que leve em consideração alguns fatores decisivos.

O planejamento e controle dos itens estocados é fundamental para uma adequada administração de materiais. A função primordial desse planejamento é:

- Atender ao plano de produção, evitando interrupções no processo produtivo ou nas vendas por falta de materiais.
- Controlar a qualidade dos materiais estocados, diminuindo o nível de produtos defeituosos.
- Monitorar a utilização de materiais, evitando perdas e desperdícios.

Outro aspecto extremamente importante para que o empreendimento obtenha sucesso é a melhoria da qualidade no sistema produtivo, que envolve correção de falhas nos métodos de fabricação e adequada gestão dos estoques.

Definição de Desperdício

Desperdícios são falhas na produção que, além de não agregarem valor ao produto, adicionam custo e tempo. O desperdício precisa ser entendido com um sintoma do problema. É preciso saber as causas que geram desperdício, pois somente assim ele poderá ser combatido.

Vale lembrar que o custo provocado pelo desperdício, na maioria das vezes, não é quantificável.

Todo desperdício deve ser suprimido da linha de produção, e o primeiro passo para que isso aconteça é eliminar tudo que for desnecessário ou estranho ao processo produtivo. Os casos mais comuns encontrados nas empresas são:

Principais Causas dos Desperdícios nas Empresas

- Equipamentos obsoletos e fora de uso misturados às máquinas em operação.
- Produtos estragados e sem condição de uso espalhados pela fábrica, juntamente com restos de outros materiais.
- Estocagem totalmente inadequada, dificultando a localização de produtos.
- Lixo acumulado na fábrica, diminuindo a vida útil das máquinas e dificultando a locomoção dos funcionários.
- Materiais de uso da empresa misturados aos objetos pessoais dos funcionários.
- Fiação exposta, ocasionando risco de acidentes.
- O mesmo trabalho repetido várias vezes em decorrência de falhas no sistema produtivo.
- Grande número de peças danificadas.

8.3 – Importância dos Estoques

Os estoques são ativos que, na maioria das empresas, têm uma participação elevada no total dos investimentos. Portanto, seu gerenciamento deve ser feito de forma eficaz.

O estoque em excesso, via de regra, é a grande ameaça à liquidez das empresas. Um estoque de proporções maiores que a necessidade eleva os custos. Por outro lado, um estoque abaixo do necessário pode comprometer a produção e prejudicar as vendas por atraso na entrega dos produtos.

Classificação dos Estoques

Os estoques são classificados em várias categorias:

- **Matérias-primas**: São os estoques comprados pela empresa e que estão armazenados à espera de sua utilização no processo produtivo.
- **Mercadorias**: São produtos que a empresa adquire e que se destinam à revenda.

- **Produtos em elaboração**: São os produtos que se encontram em alguma fase do processo produtivo, porém não estão totalmente acabados.
- **Produtos acabados**: São os produtos que já passaram por todas as fases do processo produtivo e ficam armazenados, aguardando o momento de serem entregues aos clientes através de sua venda.
- **Embalagens**: São os recipientes (tambores, sacaria, caixas etc.) que acondicionarão os produtos acabados e ficam no estoque à espera de sua efetiva utilização.

É importante definirmos os tipos de estoque, pois em cada fase que eles se encontrarem, vão exigir uma administração diferenciada por parte do empresário.

Além disso, a classificação dos estoques e a identificação dos itens mais importantes e que requerem maiores investimentos propiciarão uma melhor adequação dos custos, como estudaremos a seguir.

A preocupação da empresa é a liquidez desses estoques, ou seja, a velocidade pela qual eles poderão se transformar em disponibilidade; e o administrador financeiro tem como tarefa agilizar a rapidez desse ciclo através da análise e administração do prazo médio de estocagem e do índice de rotação dos estoques, já vistos em capítulos anteriores.

Em síntese, a administração financeira analisa o efeito dos estoques sobre a situação de caixa da empresa, sendo que os principais problemas a serem equacionados são:

- O custo da manutenção de um determinado volume de estoques durante o ciclo operacional da empresa.
- Possibilidade de redução dos níveis de estoque sem prejuízo das atividades operacionais.
- Custo de oportunidade incorrido pela empresa por investir determinado volume de recursos em estoques, em detrimento de outras alternativas mais rentáveis.

Os estoques são, em última análise, parte da projeção de vendas da empresa. Partindo desse ponto de vista, os recursos aplicados nesse ativo apresentam dois tipos de risco:

- A previsão das vendas pode estar mal dimensionada e a meta prevista não ser atingida.
- O preço unitário previsto pode sofrer alterações em decorrência de escassez de matérias-primas ou em decorrência de mudanças das regras da economia.

8.4 – Fatores que Influenciam os Investimentos em Estoque

É aconselhável que a empresa mantenha estoques mínimos, já que produtos em excesso oneram os custos. Contudo, o nível adequado de estoques depende de alguns fatores:

- **Volume de vendas** – O montante das vendas previstas influencia os investimentos em estoques. Uma expansão nas vendas tem como consequência a manutenção de um maior nível de estoques.
- **Natureza do produto** – Se a empresa trabalha com produtos perecíveis ou de alta obsolescência, os níveis de estoques a serem mantidos, evidentemente, serão menores do que se a empresa trabalhasse com outros tipos de produtos.
- **Processo produtivo** – Equipamentos modernos aliados a processos produtivos eficientes diminuem o tempo de fabricação, melhoram a qualidade do produto e reduzem o investimento necessário nesse ativo. Equipamentos velhos e obsoletos vão causar efeito inverso.
- **Dependência de produtos importados.**
- **Escassez de matérias-primas essenciais.**

8.5 – Custo de Estoque

O planejamento e o controle dos itens estocados são fundamentais para uma adequada administração de materiais, sendo a função primordial desse planejamento suprir o processo produtivo com os insumos necessários e, ao mesmo tempo, evitar altos financiamentos nesse tipo de ativo.

A aquisição, a manutenção e o manuseio dos diversos tipos de estoques fazem com que a empresa incorra em custos, cujos principais são:

Custo de emissão do pedido – São os custos fixos administrativos da manutenção de um departamento de compras. Quanto custa emitir e receber um pedido de compras. Esse tipo de custo compreende: salário dos compradores e outros funcionários, formulários utilizados, comunicação com fornecedores etc. O nível do custo está relacionado ao volume de compras que ocorre no período.

Custo de manutenção do estoque – Esse custo refere-se ao gasto da empresa com armazenamento, impostos, seguros, controles, sistemas de informações, equipamentos utilizados e pessoal especializado que faz a monitoração desses estoques.

Outros custos – Além dos custos citados, que envolvem gastos, a empresa tem ainda custos que muitas vezes ficam ocultos ou não lhes são atribuídos a devida importância. Alguns tipos de estoques estão sujeitos à obsolescência, outros podem ser compostos por produtos perecíveis sujeitos a perdas. E, além disso, se a empresa não cumprir as datas de entrega de produtos aos clientes, pode incorrer em multa e até mesmo perder o cliente, tendo sua imagem desgastada no mercado, o que pode ser o maior dos custos.

8.6 – Retorno do Investimento em Estoque

É medido através da relação entre o lucro obtido no período e o investimento em estoques nesse mesmo período.

$$RIE = Lucro / Investimentos\ em\ estoque$$

EXEMPLO:

Com base nas informações a seguir, calcular o Retorno do Investimento em Estoque (RIE) da empresa.

Vendas no período: R$ 5.780.000,00
Lucro apurado: R$ 900.000,00
Investimento em estoque: R$ 600.000,00
RIE = R$ 900.000,00 / R$ 600.000,00   **RIE = 1,5**

O retorno do capital investido em estoque é de 1,5, ou seja, para cada R$ 1,00 investido em estoque, a empresa gerou R$ 1,50 de lucro. É aconselhável, na maioria das empresas, que o coeficiente encontrado seja maior que 1, pois esse é o parâmetro utilizado para avaliar uma boa gestão dos estoques.

8.7 – Nível Ótimo de Estoques

Quais seriam os níveis adequados de estoques para uma empresa industrial? Existem muitas divergências a esse respeito, principalmente em função dos objetivos específicos dos diversos departamentos da empresa. Então, a administração dos estoques deve ser feita de maneira que objetivos pessoais não se sobreponham aos objetivos globais da empresa.

- **Finanças** Desejaria que os níveis de estoque fossem os menores possíveis, mantendo os recursos disponíveis para outras opções mais rentáveis ou para melhorar a liquidez.
- **Marketing** Gostaria que fossem mantidos grandes volumes de produtos acabados em estoque, para que todos os clientes fossem atendidos com rapidez.
- **Produção** Manteria volumosos estoques de matérias-primas, a fim de assegurar o cumprimento das metas de produção.

8.8 – Administração de Recursos Materiais

A gestão dos recursos materiais assume hoje nas empresas um papel de grande relevância, incidindo diretamente na lucratividade e qualidade dos produtos.

O gerenciamento desses recursos deve visar sempre a melhoria dos processos, a manutenção dos estoques em níveis adequados e, sobretudo, a satisfação do cliente.

A administração dos recursos materiais envolve uma série de atividades cuja eficácia é determinante da qualidade e lucratividade que se quer obter.

Compra de Matérias-Primas e Componentes

As aquisições e reposições de materiais são feitas pelo departamento de compras da empresa, que precisa adotar uma série de procedimentos para que os materiais cheguem à empresa nas condições em que foi negociado o pedido. A seguir, discorreremos sobre os principais passos a serem dados.

Seleção dos Fornecedores

Essa ação requer a formação de um cadastro de empresas que potencialmente podem fornecer os materiais de que necessitamos. Feito isso, devemos analisar a situação desses fornecedores em relação à qualidade dos produtos, confiabilidade na entrega dos materiais requisitados etc. O cadastro de fornecedores deve ter uma atualização constante e com a inclusão de novas empresas.

Tendo de quem comprar, já podemos emitir o pedido que, como tem força de contrato, para termos maior segurança, deve conter:

- Todos os dados da empresa;
- Local de entrega;
- Especificações do material adquirido (preço unitário, quantidade, preço total etc.);
- Condições de pagamento.

Recebimento do Material

Quando finalmente os materiais são entregues, no ato do recebimento alguns procedimentos devem ser adotados:

- Estar de posse do pedido que originou aquele fornecimento;
- Confirmar as quantidades recebidas e as condições de pagamento combinadas;
- Analisar a qualidade do material recebido e as condições das embalagens;
- Proceder ao registro do material recebido.

Armazenamento das Matérias-Primas e Componentes

A empresa precisa ter locais adequados para cada tipo de material recebido, fácil disposição para que a utilização seja agilizada e possuir um sistema de controle e manuseio que reduza os custos de armazenamento.

Para que isso ocorra, algumas medidas são aconselháveis:

- Identificação clara para cada tipo de material;
- Processo que permita obter informação rápida sobre os níveis de estoque dos produtos;
- Monitoração para que não haja deterioração e, consequentemente, perda de produtos;
- Cuidar para que os lotes mais antigos sejam usados primeiro.

Distribuição dos Materiais

A distribuição de materiais deve ter como objetivo entregar produtos no menor prazo possível, mantendo suas condições de qualidade e visando a redução de custos para a empresa e os clientes.

Todo esse trabalho necessita de alguns cuidados. Se a empresa possui frota própria, os veículos devem estar sempre em condições de uso, com revisões periódicas e manutenção constante. Se os serviços utilizados são de terceiros, a empresa que vai fazer o frete tem que ser confiável e com condições de pagamento razoáveis. O objetivo é assegurar que os clientes recebam os produtos nos prazos estipulados e na qualidade estabelecida.

Nos casos em que a distribuição é feita em postos de venda da própria empresa, é importante destacar que esses locais devem ser de fácil acesso aos consumidores, com comodidade e segurança (estacionamento fácil, atendimento adequado etc.).

8.9 – Métodos de Avaliação de Investimentos em Estoques

Método ABC

Administrar de forma adequada os níveis de estoques significa, além de adquirir as quantidades corretas de insumos na qualidade desejada, mantê-los em lugares apropriados e exercer rigoroso controle no seu uso, pois como já vimos, o desperdício é um dos maiores geradores de custo dentro da empresa.

Uma maneira simples e bastante utilizada pelas empresas no controle dos estoques é o método "ABC".

O objetivo principal é a redução dos custos de manutenção dos estoques. Como sabemos, os vários tipos de produtos estocados não podem ter o mesmo tratamento. Alguns estragam com maior rapidez, enquanto

GESTÃO DOS ESTOQUES

que outros exigem locais especiais de armazenamento. Existem ainda na empresa itens estocados que, apesar de ocuparem menor espaço físico, representam parte significativa do investimento. Por outro lado, a maior parte da área destinada aos estoques é ocupada, na maioria das empresas, por produtos que requerem menos cuidados, por suas características ou por sua pequena participação no investimento.

Enfim, pela complexidade e sua composição heterogênea, o estoque necessita de atenção especial. Uma estocagem inadequada sempre vai resultar em aumento de custo para a empresa.

O método ABC consiste em separar em três níveis os diversos itens de estoque, por ordem de importância e valor.

- **A** – São classificados os itens que requerem mais cuidados e normalmente representam a maior parte dos investimentos.
- **B** – São classificados os itens que, apesar de importantes, requerem menos cuidado e demandam menos recursos.
- **C** – São classificados todos os demais itens, representando grande quantidade física e baixo investimento.

Através dessa classificação, a empresa poderá administrar de forma mais adequada seus estoques, dando importância diferenciada aos itens mais relevantes, podendo assim reduzir seus custos de manutenção dos estoques.

ESTUDO DE CASO – AMÉRICA DO SUL IND. COM. LTDA.

A América do Sul trabalha com um estoque composto por 5.000 itens diferentes, os quais demandam um investimento médio de R$ 1.000.000,00. De acordo com o método "ABC", os estoques estão classificados da seguinte forma:

GRUPO	Investimento médio		% do estoque
A	$ 850.000,00	85%	10%
B	$ 120.000,00	12%	35%
C	$ 30.000,00	3%	55%
	$ 1.000.000,00	100%	100%

```
                                                    Grupo A – Representam 10% dos
                                                            estoques e 85%
                                                            do investimento.

                                                    Grupo B – Representam 35% dos
                                                            estoques e 12%
                                                            do investimento.

                                                    Grupo C – Representam 55% dos
                                                            estoques e 3% do
                                                            do investimento.
```

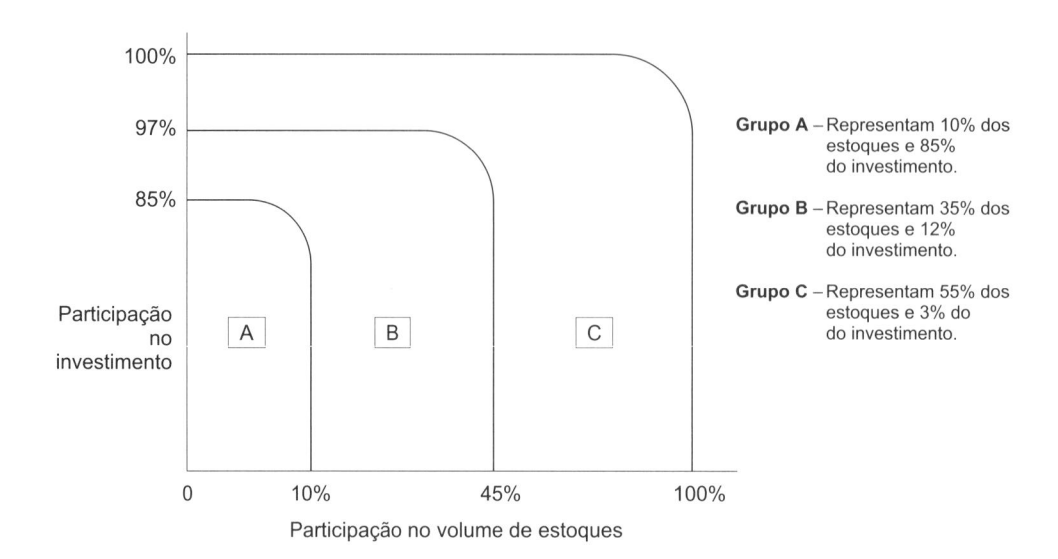

(Fonte: Machado pág. 122)

No caso da América do Sul Ind. Com. Ltda., podemos através do gráfico visualizar a classificação dos itens de estoque.

> **Grupo A** Representa 10% dos estoques e 85% do investimento.
> **Grupo B** Representa 35% dos estoques e 12% do investimento.
> **Grupo C** Representa 55% dos estoques e 3% do investimento.

A classificação dos estoques por ordem de importância, além de facilitar o manuseio e controle, é fundamental como agente redutor de custos.

A separação dos itens faz com que a empresa se preocupe com o que realmente é mais importante. No exemplo da Cia. América do Sul, o custo de administrar estoques através de pessoal especializado, registros permanentes e constante monitoramento, ficou restrito a apenas 10% do volume físico, enquanto que, em 35% desse volume, os estoques poderão ser controlados periodicamente. E nos itens de menor importância, porém representativos em volume e ocupação de espaço, pois são responsáveis por 55% do volume total, o controle será de baixo custo porque são itens que não requerem um controle mais rigoroso.

LEC – Lote Econômico de Compras

É uma técnica que considera todos os custos operacionais e financeiros derivados das compras de matérias-primas e tem a finalidade de determinar qual o volume de pedido que minimiza os custos de estocagem.

GESTÃO DOS ESTOQUES

O lote econômico de compra pode ser encontrado através da fórmula:

$$LEC = \sqrt{\frac{2 \times S \times O}{C}}$$

Em que:

S Número de unidades de produto consumido por ano.

O Custo de emissão de pedido. São os custos fixos administrativos da manutenção de um departamento de compras. Quanto custa emitir e receber um pedido de compras.

C Custo de manutenção de estoque. São os custos da manutenção de estoque por um determinado período. São despesas de seguro, armazenamento, custo financeiro (custo de oportunidade) etc.

EXEMPLO

Suponha que uma empresa dispõe das seguintes informações acerca de sua única matéria-prima:

Consumo unitário por ano .... 2.000 unidades
Custo de emissão do pedido .... $ 50,00 por pedido
Custo de manutenção de estoque .... $ 2,00

Qual a quantidade ideal de pedido que minimiza o custo total?

$$LEC = \sqrt{\frac{2 \times 2.000 \times \$\,50{,}00}{\$\,2{,}00}}$$

LEC = 316 unidades

O pedido que minimiza o custo total de estocagem segundo o método do lote econômico de compra é de 316 unidades.

Existem hoje, disponíveis no mercado, sistemas computadorizados que, utilizando-se dos conceitos do LEC, determinam as quantidades ótimas de produto que devem ser adquiridas.

De acordo com o planejamento da produção, são feitas simulações referentes às quantidades de materiais a serem pedidas através da comparação das necessidades do processo produtivo com os níveis disponíveis em estoque.

O objetivo é uma diminuição no volume de investimentos em estoque sem, contudo, prejudicar o ciclo produtivo.

ESTUDO DE CASO – CIA. MANAUS

A Cia Manaus é uma empresa de produção linear (não sujeita à sazonalidade) que está preparando a programação de compras de suas quatro principais matérias-primas para o período de 12 meses.

As informações disponíveis são as seguintes:

MP A – Consumo unitário no período 18.000 unidades
MP B – Consumo unitário no período 13.000 unidades
MP C – Consumo unitário no período 8.000 unidades
MP D – Consumo unitário no período 11.000 unidades
Custo de emissão do pedido R$ 80,00
Custo de manutenção de estoque R$ 5,00

Com base nessas informações, apurar o lote econômico de compra de cada matéria-prima, o número de pedidos necessários ao consumo e a programação de entrega do material.

RESOLUÇÃO:

MP A $\quad LEC = \sqrt{\dfrac{2 \times 18.000 \times 80,00}{5,00}} \quad$ **759 unidades**

MP B $\quad LEC = \sqrt{\dfrac{2 \times 13.000 \times 80,00}{5,00}} \quad$ **645 unidades**

MP C $\quad LEC = \sqrt{\dfrac{2 \times 8.000 \times 80,00}{5,00}} \quad$ 506 unidades

MP D $\quad LEC = \sqrt{\dfrac{2 \times 11.000 \times 80,00}{5,00}} \quad$ 593 unidades

Número de Pedidos
    Prod. A   18.000 / 759 = 23 pedidos
    Prod. B   13.000 / 645 = 20 pedidos
    Prod. C   8.000 / 506 = 15 pedidos
    Prod. D   11.000 / 593 = 18 pedidos

Periodicidade
　Prod. A　360 / 23 = 15 dias
　Prod. B　360 / 20 = 18 dias
　Prod. C　360 / 15 = 24 dias
　Prod. D　360 / 18 = 20 dias

Portanto, a programação ideal de compras que minimiza o custo total seria:

23 lotes de 759 unidades do Prod. A a cada 15 dias.

20 lotes de 645 unidades do Prod. B a cada 18 dias.

15 lotes de 506 unidades do Prod. C a cada 24 dias.

18 lotes de 593 unidades do Prod. D a cada 20 dias

MRP – *Material Requirement Planning*
(Planejamento das Necessidades de Materiais)
Conceito

"O MRP, ou planejamento das necessidades de materiais, é um sistema lógico de cálculo que converte a previsão de demanda em programação da necessidade de seus componentes. Atualmente, um sistema mais amplo do MRP, que leva a mesma lógica, é o MRP II (*Manufaturing Resources Planning*), que além das quantidades e momentos de aquisição ou fabricação de cada item, são calculados e planejados os recursos a serem utilizados, como a capacidade produtiva da máquina, os recursos humanos necessários, os recursos financeiros etc."

(Ricardo Carmelito)

Fundamenta-se no princípio de que a empresa, conhecendo com antecedência as variáveis envolvidas no processo de compra e fabricação de determinado produto:

- componentes do produto;
- prazo de recebimento de materiais;
- tempo de fabricação;
- instalações disponíveis;
- pessoal alocado à área produtiva etc.

Deve calcular e projetar as quantidades adequadas a serem adquiridas dos fornecedores.

A finalidade básica é planejar os lotes ideais de compras de modo que não tenha a produção prejudicada por falta de produtos nem tampouco quantidades ociosas que venham a onerar o custo dos estoques.

Pela técnica do MRP, a empresa faz a programação da produção e, através desse planejamento, determina as quantidades e o período em que deve comprar os componentes, programando as atividades de compra para o maior prazo possível, minimizando assim os investimentos em estoques.

O Sistema MRP identifica que componentes precisam ser comprados, qual a quantidade necessária e quando eles precisam estar na empresa. Os objetivos da implantação do sistema são: a redução dos custos de estoque e melhor eficiência nos processos produtivos.

> "O MRP trabalha com as necessidades exatas de cada item, melhorando assim o atendimento aos consumidores, minimizando os estoques em processo e aumentando a eficiência da fábrica, e obtendo, dessa forma, menores custos e, consequentemente, alcançando melhores margens de lucro. Mas para tudo isso, é fundamental que sejam estabelecidos os parâmetros básicos para um perfeito funcionamento do sistema.
> - Estrutura do produto: é a especificação da quantidade de cada item que compõe um produto;
> - Tempo de reposição: é o tempo gasto entre a colocação do pedido até o recebimento do material;
> - Tempo de fabricação: é o tempo gasto do início até o término da produção;
> - Tamanho do lote de fabricação: é a quantidade de fabricação de determinado item de forma que otimize o processo;
> - Tamanho do lote de reposição: é a quantidade de determinado item que se adquire de cada vez, visando também a otimização dos custos;
> - Estoque mínimo: é a quantidade mínima que deve ser mantida em estoque, seja de matéria-prima ou produto acabado;
> - Estoque máximo: é o nível máximo ao qual os estoques devem chegar.
> - Esses parâmetros devem tornar o MRP apto a responder o que, quanto e quando serão necessários os componentes para cumprir a demanda de produtos finais".
>
> *(Ricardo Carmelito)*

Códigos de Barras

Um método amplamente utilizado e que não requer muitos investimentos é o dos códigos de barras, que consiste na identificação automatizada dos itens de estoque.

Através da utilização dos códigos de barras, é possível a localização de um item de estoque, o levantamento de seu custo, além de outras informações referentes à produção.

"Os códigos de barras são espaços alternados claro e escuro em forma de barras verticais que denominam os itens de estoque com dados codificados de forma digital. Eles são lidos por leitoras ópticas (canetas luminosas) ligadas a microprocessadores." (Monks)

Sistema *Just-in-Time*

O JIT foi desenvolvido em função da necessidade de reduzir custos de produção por meio da eliminação do desperdício em todas as etapas do processo produtivo.

O objetivo do sistema *Just-in-time* é fazer com que os elementos principais de um sistema produtivo, que são os recursos financeiros, equipamentos e mão de obra, sejam alocados à produção somente na quantidade apropriada e durante o tempo necessário para a execução da tarefa.

O JIT força o aparecimento de problemas escondidos atrás de estoques excessivos, oferecendo uma solução mais estrutural. Segundo Schomberger (1984), existem sete áreas de desperdícios na produção:

1. **Superprodução** – Consiste em produzir mais do que o necessário para atender a uma ordem de produção ou fase do processo produtivo.
   É uma forma de encobrir problemas de qualidade. Por exemplo, uma indústria de confecção sabe que pelo menos 10% de suas peças são rejeitadas pelos clientes por problemas de qualidade, e contorna o problema produzindo 10% a mais.
2. **Tempo de espera** – Ocorre quando partes ou produtos aguardam a próxima operação, máquinas e operadores aguardam o suporte técnico ou produtos acabados esperam para ser transportados. Esse tempo perdido é resultado de fluxos ineficientes.
3. **Transporte** – *Layout* deficiente fazendo com que os produtos se locomovam mais que o necessário. Isso pode ocorrer pela distância entre as unidades produtivas ou armazenamento de produtos em excesso.
4. **Desperdícios no processo** – Processos deficientes geram rejeitos, aparas, resíduos etc. Tais desperdícios refletem problemas de manutenção ou *design* do produto.
5. **Estoques** – Considerados o maior item de desperdício, resultam de superprodução ou estoques excessivos. O problema dos estoques altos é que exigem áreas de armazenamento, imobilizam capitais e estão sujeitos à perecibilidade física e tecnológica.
6. **Qualidade** – "Fazer certo da primeira vez". Erros e defeitos levam ao desperdício, tanto de material quanto de mão de obra (retrabalho).
7. **Movimento** – Ocorre diante de uma queda eventual de vendas, deixando trabalhadores parados, estoques ociosos e máquinas paradas.

(Extraído do livro: *Gestão da Inovação* – Paulo Bastos Tigre)

A filosofia *Just-in-time* procura obter uma vantagem competitiva através da utilização dos seguintes princípios:

Redução de despesas Através da eliminação dos estoques e dos sistemas desnecessários, como inspeção, manuseio de materiais etc.
Melhoria contínua Aperfeiçoamento constante dos processos produtivos. Procurar sempre reduzir o desperdício e a ineficiência do sistema produtivo.
Atendimento ao cliente Redução de custos para o cliente, tanto na aquisição quanto no uso do produto. Considerar a redução de custos dos clientes como responsabilidade de trabalho da empresa.

A Toyota, que concebeu o conceito JIT, define desperdício no sistema produtivo como qualquer quantidade utilizada maior que o mínimo necessário. Isso inclui: equipamentos, materiais, componentes e tempo de trabalho.

Capítulo 9

Planejamento Financeiro de Curto Prazo

Temas em Discussão

- Orçamento de Caixa;
- Orçamento do Lucro.

O planejamento financeiro de curto prazo é elaborado através da utilização de informações financeiras sobre o desempenho da empresa que, combinadas com as projeções dos fluxos de recursos esperados, vão propiciar aos administradores uma avaliação adequada da situação presente e uma previsão das perspectivas futuras.

Os principais planos financeiros de curto prazo utilizados pela empresa são: o orçamento de caixa e o orçamento de lucro.

9.1 – Orçamento de Caixa

O orçamento de caixa é o demonstrativo da projeção das necessidades de recursos de uma empresa, elaborado através da previsão das entradas e saídas de fundos em um determinado período de tempo. Deve retratar a previsão das necessidades de recursos ou, eventualmente, as sobras de caixa que ocorrerão no período em questão.

É uma ferramenta que permite ao administrador financeiro identificar as necessidades e oportunidades financeiras de curto prazo (Ross).

O objetivo do orçamento de caixa é dar subsídios ao administrador financeiro para planejar e controlar o fluxo de recursos da empresa e fornecer os componentes básicos para que se possa formular as estratégias que serão utilizadas para o financiamento do volume de vendas previsto para o período.

Ao traçar as diretrizes do planejamento das disponibilidades, a empresa procura atingir algumas metas. Dentre elas, destacamos:

> **Defasagem entre as transações correntes** O orçamento de caixa é elaborado através da previsão das entradas e saídas de fundos. Todavia, o fluxo de recursos não ocorre de maneira uniforme, então a empresa deve manter fundos suficientes para garantir eventuais deficits de caixa, mantendo a liquidez sem interromper o ciclo de suas atividades operacionais. O primeiro objetivo do orçamento de caixa é, portanto, projetar o mais precisamente possível o montante dos recursos disponíveis, de forma que esteja assegurada uma liquidez compatível com as necessidades de desembolso da empresa.
>
> **Redução de custos sobre empréstimos de curto prazo** Conhecendo com antecedência os eventuais deficits de caixa, o administrador financeiro terá à sua disposição um período de tempo mais adequado para escolher entre as diversas fontes de financiamento disponíveis, aquelas de menor custo para a empresa.

Aplicação de excedentes de caixa Durante certos períodos, a empresa mantém saldos inativos de caixa. Isso ocorre em função da defasagem de tempo entre as datas de pagamento das obrigações e de recebimento dos direitos. Como o dinheiro mantido em caixa não traz qualquer retorno à empresa, o administrador financeiro deve aplicar esses recursos momentâneos em algum ativo de curto prazo que renda juros.

O orçamento de caixa é um instrumento valioso e imprescindível para uma empresa controlar seu fluxo de recursos, porém, como é baseado em estimativas e projeções, o administrador financeiro deve ter em mente que o orçamento de caixa não é uma ferramenta de total precisão e está sujeito a algumas distorções.

A previsão de vendas é o componente mais importante do orçamento de caixa. Ela é elaborada e fornecida pelo departamento de vendas e deve ter um alto grau de confiabilidade. Todavia, como a previsão de vendas depende de fatores externos, como a maior ou menor agressividade da concorrência ou, ainda, o comportamento da conjuntura econômica, sempre vai apresentar em seu conteúdo um componente de risco.

Métodos para Elaborar o Orçamento de Vendas

Elaborar o orçamento de vendas é uma tarefa extremamente complexa e, para isso, a maioria das empresas utiliza-se de alguns métodos:

Modelo Estatístico – É utilizado quando existe muita dificuldade em orçar o que será vendido. Nesse caso, a empresa usa como base alguns parâmetros:

- Crescimento do setor;
- Evolução do PIB;
- Participação no mercado;
- Pesquisa de mercado.

Coleta de Dados – É o método mais utilizado e consiste na coleta de informações fornecidas pelos seus pontos de vendas.

- Vendedores;
- Filiais;
- Pontos de venda no varejo.

No intuito de minimizar os riscos envolvidos nas previsões, as empresas costumam ter mais de um orçamento, partindo-se da situação provável para outras com previsões mais otimistas e pessimistas, e então os fluxos de caixa podem ser analisados de acordo com inúmeras possibilidades, criando para o administrador financeiro uma amplitude maior para as decisões, pois assim terá uma melhor percepção quanto ao risco envolvido em cada alternativa.

Hoje, essa análise de sensibilidade é perfeitamente viável na maioria das empresas, através da utilização de planilhas eletrônicas que simplificam, sobremaneira, os cálculos.

O orçamento de caixa possui duas dimensões temporais: o fluxo de caixa integrado e o fluxo de caixa operacional.

9.1.1 – Fluxo de Caixa Integrado

Faz parte do planejamento financeiro da empresa e compreende a projeção das receitas e despesas e também os investimentos que a empresa pretende fazer naquele período.

O fluxo de caixa integrado tem como elemento básico para projetar as entradas de caixa, como vimos anteriormente, o orçamento de vendas que representa a previsão das vendas para o período. Além do orçamento de vendas, que normalmente é a principal fonte de entrada de recursos financeiros, a empresa pode dispor de outras, como recebimento de aluguéis, recebimento de juros, recebimentos referentes à participação em outras empresas e outros.

Com relação à periodicidade do orçamento de caixa, isso vai depender dos objetivos traçados e do período de maturação dos investimentos demandados.

Na maioria das empresas, o demonstrativo é elaborado para o período de um ano (um exercício social).

Entretanto, o tipo de negócio da empresa também exerce influência no período orçamentário.

Certos segmentos são de natureza mais complexa do que outros, aumentando o nível de incertezas. Para uma empresa que atua em um mercado onde existem oscilações expressivas nas vendas, o orçamento terá que ser feito em períodos menores para que o impacto dessas incertezas nas estimativas projetadas seja o menor possível, ou o demonstrativo terá pouca utilidade como instrumento para tomada de decisões.

Quanto aos desembolsos previstos, devem ser considerados todos os itens que de alguma forma representarão saídas de caixa naquele período.

Os desembolsos mais comuns em uma empresa são: gastos com matéria-prima; remuneração de mão de obra mais os encargos; impostos; investimentos em imobilizado; pagamentos de juros; pagamentos de empréstimos; etc. Os orçamentos desses itens fornecem as bases para a projeção das exigências de disponibilidades.

Normalmente, cada item da programação de pagamentos e recebimentos é baseado em um ou mais orçamentos específicos e detalhados, fornecidos ao administrador financeiro pelos setores responsáveis por todas as atividades que representam receitas ou despesas para a empresa. Por essa razão, o demonstrativo é denominado fluxo de caixa integrado, pois é fruto da integração dos vários departamentos da empresa e faz parte do planejamento estratégico.

Políticas Orçamentárias

Para que o orçamento tenha um alto grau de confiabilidade e reflita a realidade da empresa, é necessário a formulação de políticas nas suas principais atividades operacionais.

Política de Vendas

- Condições de vendas compreendendo preços praticados, prazos concedidos etc.
- Atuação da concorrência.
- Estudo da dimensão e estrutura do mercado onde a empresa pretende atuar.
- Investimento em propaganda e publicidade.

Política de Produção

- Escolha de fornecedores potenciais.
- Condições e prazos de pagamento.
- Nível de estoque a ser mantido pela empresa.

Política Financeira e de Investimentos

- Fontes de obtenção de recursos.
- Políticas de crédito a serem utilizadas
- Adoção de instrumentos de controle financeiro.
- Necessidade de expansão ou implantação de novas plantas industriais.
- Necessidade de atualização tecnológica dos seus processos operacionais.

Política de Recursos Humanos

- Investimento necessário para treinamento de pessoal.
- Projeção de gastos (reajustes salariais que ocorrerão no período, férias e outros).
- Contratação de pessoal especializado.

Exemplo de Fluxo de Caixa Integrado

	Janeiro	Fevereiro	março	abril
Saldo inicial de caixa	10.000	53.000	(8.000)	38.000
(+) Entradas de caixa				
Vendas	100.000	120.000	110.000	130.000
Aluguéis	8.000	8.000	8.000	8.000
Outras origens	3.000	– 0 –	2.000	– 0 –
Total	**111.000**	**128.000**	**120.000**	**138.000**
(–) Saídas de caixa				
Fornecedores	40.000	48.000	44.000	52.000
Salários + Encargos	15.000	18.000	16.000	19.000
Compra de imobilizado	– 0 –	108.000	– 0 –	– 0 –
Impostos	10.000	12.000	11.000	13.000
Juros	3.000	3.000	3.000	3.000
Empréstimo	– 0 –	– 0 –	– 0 –	35.000
Total	68.000	189.000	74.000	122.000
(=) Saldo final de caixa	**53.000**	**(8.000)**	**38.000**	**54.000**

Para melhor entendimento do que foi abordado, apresentamos a seguir um estudo de caso no qual será feita a montagem de um orçamento de caixa em todas as suas etapas.

Montagem de um Orçamento de Caixa
Exemplo: Cia. Monte Carlo
Orçamento de Vendas

O primeiro passo para a empresa elaborar seu orçamento de caixa é preparar a previsão para as vendas daquele período. Sendo a receita de vendas de produtos ou da prestação de serviços a principal fonte de entrada de recursos, é através da projeção das vendas que a empresa elabora todos os outros orçamentos.

Orçamento de Vendas

Produto	Quantidade (unidades)	Preço	Total
X	87.500	R$ 9,00	R$ 787.500,00
Y	105.000	R$ 8,00	R$ 840.000,00
Z	64.000	R$ 7,00	R$ 448.000,00
Total	**256.500**		**R$ 2.075.500,00**

PLANEJAMENTO FINANCEIRO DE CURTO PRAZO

Orçamento da Produção

Depois de concluído o Orçamento de Vendas, o passo seguinte é a preparação do Orçamento de Produção.

Elaborar a previsão das despesas de produção requer a projeção de todos os gastos relativos à fabricação das unidades necessárias para suprir as vendas previstas para o período, e isso compreende:

- Orçamento de compra das matérias-primas;
- Orçamento de despesas com mão de obra;
- Orçamento dos custos indiretos de produção.

Inicialmente, faz-se necessário um planejamento das quantidades a serem produzidas. Esse procedimento leva em conta o estoque de produtos já existentes e, ainda, a quantidade de produtos que deverá ficar disponível no final do período para atender às vendas futuras.

Planejamento da Produção
Para atender ao início do próximo período, está previsto um estoque final de 10% da previsão das vendas

Produto	Vendas	Estoque inicial	Estoque final	Produção prevista
X	87.500 (−)	9.750 (+)	8.750 (=)	86.500
Y	105.000 (−)	9.500 (+)	10.500 (=)	106.000
Z	64.000 (−)	8400 (+)	10.500 (=)	62.000

Orçamento de Compra de Matéria-Prima

A Cia. Monte Carlo, para fabricação de seus produtos, consome duas matérias-primas, Alfa e Beta, nas seguintes proporções:

Produto X consome 3,0 unidades da MP Alfa e 1,5 unidades da MP Beta
Produto Y consome 3,5 unidades da MP Alfa e 2,5 unidades da MP Beta
Produto Z consome 1,0 unidade da MP Alfa e 2,0 unidades da MP Beta
O preço unitário do produto Alfa é R$ 0,75 e do produto Beta, R$ 0,60

Produto	Consumo de Alfa p/unidade	Consumo de Beta p/unidade
X	3,0 × 86.500 = 259.500	1,5 × 86.500 = 129.750
Y	3,5 × 106.000 = 371.000	2,5 × 106.000 = 265.000
Z	1,0 × 62.000 = 62.000	2,0 × 62.000 = 124.000
Total	692.500	518.750

Custo do produto Alfa R$ 0,75 × 692.500 unidades = R$ 519.375,00
Custo do produto Beta R$ 0,60 × 518.750 unidades = R$ 311.250,00
Total = **R$ 830.625,00**

Orçamento de Despesas com Mão de Obra

Produto	Horas p/unidade × remuneração p/hora	Custo da mão de obra p/unidade
X	0,3 × R$ 3,50	R$ 1,05
Y	0,5 × R$ 4,50	R$ 2,25
Z	0,4 × 4,00	R$ 1,60

Produto	Produção × custo da mão de obra p/unidade	Custo Total
X	86.500 × R$ 1,05	R$ 90.825,00
Y	106.000 × R$ 2,25	R$ 238.500,00
Z	62.000 × 1,60	R$ 99.200,00
Custo total		**R$ 428.525,00**

Orçamento de Custos Indiretos de Produção

Despesa	Valor previsto
mão de obra indireta	R$ 100.000,00
aluguel	R$ 30.000,00
seguros	R$ 40.000,00
energia elétrica	R$ 35.000,00
manutenção	R$ 65.000,00
depreciação	R$ 70.000,00
Total	**R$ 340.000,00**

Orçamento de Produção

Produto	Matéria-prima	mão de obra	Custos indiretos de produção	Total
X	259.500 x 0,75 (+) 129.750 (x) 0,60 R$ 272.475,00	R$ 90.825,00	340.000 (:) 254.500 (=) 1.335953 1.335953 (x) 86.500 R$ 115.559,90	R$ 478.859,90
Y	371.000 x 0,75 (+) 265.000 (x) 0,60 R$ 437.250,00	R$ 238.500,00	1.335953 (x) 106.000 R$ 141.611,02	R$ 817.361,02
Z	62.000 x 0,75 (+) 124.000 (x) 0,70 R$ 120.900,00	R$ 99.200,00	1.335953 (x) 62.000 R$ 82.829,08	R$ 302.929,08
Total	R$ 830.625,00	R$ 428.525,00	R$ 340.000,00	R$ 1.599.150,00

OBS.: Os custos indiretos de produção foram distribuídos aos produtos em forma de rateio, em função de todos os produtos usarem a mesma matéria-prima.

Orçamento de Despesas Administrativas

É a previsão de todos os gastos referentes ao departamento administrativo e de vendas que deverão ocorrer no período.

Orçamento de Despesas Administrativas	
Despesa	**Valor previsto**
Salários de pessoal administrativo	R$ 65.000,00
Encargos sociais	R$ 40.000,00
Comissões sobre vendas	R$ 62.265,00
Publicidade	R$ 35.000,00
Materiais diversos	R$ 15.000,00
Total	**R$ 217.265,00**

Orçamento de Receitas e Despesas Não Operacionais

É a projeção das receitas e despesas não operacionais previstas para o período. Refere-se à previsão dos fluxos de recursos provenientes de investimentos em bens de capital, pagamentos ou recebimentos de juros sobre empréstimos etc.

Orçamento de Despesas e Receitas Não Operacionais		
Histórico	**Débito**	**Crédito**
Compra de equipamento p/ setor produtivo	R$ 60.000,00	
Venda de equipamento fora de utilização		R$ 28.000,00
Pagamento de juros s/ empréstimo	R$ 32.000,00	
Despesas não operacionais previstas p/ período		**R$ 72.000,00**

Orçamento de Caixa Sintético

Finalmente, de todos os orçamentos que representam entradas ou saídas de recursos, o administrador financeiro procederá à montagem do orçamento de caixa para o período em análise.

Orçamento de Caixa

Vendas previstas		**R$ 2.075.000,00**
(–) Despesas c/ produção		
Fornecedores de matéria-prima	R$ 830.625,00	
Mão de obra direta	R$ 428.525,00	
Custos indiretos de produção	R$ 340.000,00	**R$ 1.599.150,00**
(–) Despesas administrativas e de vendas		**R$ 217.265,00**
(–) Despesas não operacionais		**R$ 72.000,00**
(=) Saldo final de caixa		**R$ 187.085,00**

O orçamento de caixa sintético mostra o total das receitas e despesas previstas para o período. Todavia, o objetivo do planejamento dos fluxos de entradas e saídas de recursos financeiros deve prever a data em que irão ocorrer os eventos. Em decorrência disso, o orçamento de caixa precisa conter relatórios que mostrem o momento dos recebimentos e desembolsos dos recursos. A elaboração desses demonstrativos poderá ser vista e entendida no estudo de caso da "Cia. Maranhão" no final do capítulo.

9.1.2 – Fluxo de Caixa Operacional

É um método de orçamento de caixa utilizado pelo administrador financeiro para orientar suas decisões operacionais. O prazo do fluxo de caixa operacional é normalmente de um mês, mas pode ser de quinze dias ou uma semana. O objetivo é administrar os fluxos diários de recursos de forma que haja disponibilidade de fundos no momento em que se fizer necessário um desembolso de caixa, evitando uma situação de insolvência, ou que seja feita uma aplicação financeira de excedentes de caixa evitando a existência de fundos ociosos.

Ao contrário do método do fluxo de caixa integrado, o fluxo de caixa operacional tem como entradas de recursos previstas as duplicatas a receber e não as vendas projetadas, ou seja, baseia-se nas vendas já realizadas, obtendo assim maior grau de acerto quanto às entradas de caixa.

No tocante às vendas à vista, geralmente o administrador financeiro considera como entradas de recursos no fluxo de caixa operacional os pedidos para pagamento à vista existentes em carteira e que serão executados dentro do período em análise.

O fluxo de caixa operacional é, na verdade, um desmembramento do fluxo de caixa integrado, apresentando detalhes a respeito das entradas e saídas diárias de recursos, e tem o intuito de auxiliar o administrador financeiro no dia a dia das operações.

Exemplo de Fluxo de Caixa Operacional

> **Saldo inicial de caixa previsto = 30.000**

Previsão de Recebimentos

Dia	Valor	Histórico
01	30.000	Duplicatas a receber
03	35.000	Duplicatas a receber
08	28.000	Duplicatas a receber
13	30.000	Duplicatas a receber
14	18.000	Venda de imobilizado
17	17.000	Duplicatas a receber
23	26.000	Duplicatas a receber
27	19.000	Duplicatas a receber
30	8.000	Aluguéis
30	32.000	Duplicatas a receber
Total	**243.000**	

Previsão de Pagamentos

Dia	Valor	Histórico
02	17.000	Fornecedores
04	13.000	Fornecedores
05	12.000	Aluguel
05	22.000	Salários
05	16.000	Fornecedores
05	11.000	Impostos
08	15.000	Fornecedores
15	28.000	Empréstimo bancário
18	17.000	Fornecedores
20	16.000	Salários
24	13.000	Fornecedores
26	14.000	Fornecedores
30	16.000	Fornecedores
Total	**210.000**	

Fluxo de Caixa Operacional

DATA	ENTRADAS	SAÍDAS	SALDO
Saldo inicial			30.000
01	30.000		60.000
02		17.000	43.000
03	35.000		78.000
04		13.000	65.000
05		61.000	4.000
08	28.000	15.000	17.000
13	30.000		47.000
14	18.000		65.000
15		28.000	37.000
17	17.000		54.000
18		17.000	37.000
20		16.000	21.000
23	26.000		47.000
24		13.000	34.000
26		14.000	20.000
27	19.000		39.000
30	40.000	16.000	63.000

9.1.3 – CONTROLE DAS DISPONIBILIDADES

Conforme já vimos, o administrador financeiro elabora os orçamentos baseado em projeções, que muitas vezes não se concretizam. Portanto, o acompanhamento e controle dos fluxos de recursos, no sentido de detectar circunstâncias que possam influenciar o ciclo normal das operações, é uma tarefa de fundamental importância.

Na maioria das vezes, é possível para o administrador financeiro alterar alguns padrões existentes com o fim de melhorar a situação das disponibilidades. Dentre essas medidas usualmente adotadas, destacamos:

Mudanças na política de duplicatas a receber, intensificando os esforços de cobrança.

Contenção de gastos diminuindo saídas de caixa.

Adiamento de investimentos em ativos imobilizados para épocas mais favoráveis.

Postergar o pagamento de algumas obrigações. Redução dos investimentos em estoques.

São medidas que podem suavizar o impacto da insuficiência de recursos, motivadas normalmente pela queda das vendas.

ESTUDO DE CASO – CIA. MARANHÃO

O administrador financeiro da Cia. Maranhão está preparando o orçamento quadrimestral de caixa para os meses de maio, junho, julho e agosto do ano corrente. Para a elaboração do demonstrativo, o administrador dispõe das seguintes informações:

Previsão de Recebimentos

Vendas

março	$ 200.000
abril	$ 200.000
maio	$ 250.000
junho	$ 250.000
julho	$ 300.000
agosto	$ 300.000

Do total das vendas previstas, 20% são à vista, 50% têm um prazo de 30 dias e 30% têm um prazo de 60 dias.

Aluguéis

Recebimento de $ 6.000 mensais durante todo o período.

Venda de imobilizado

Foi efetuada a venda de um ativo imobilizado, cujo recebimento se dará da seguinte forma: $ 30.000 em maio e $ 20.000 em junho.

Previsão de pagamentos

Compras (fornecedores)
Representam 60% das vendas, sendo que 20% são pagas à vista, 60% são pagas em 30 dias e 20% são pagas em 60 dias.

Salários e comissões

São pagos mensalmente
Salários, $ 12.000 fixos, e comissões, 10% das vendas.

Impostos
São pagos mensalmente e estimados em 10% das vendas.

Aquisição de equipamento

Compra e pagamento de um equipamento industrial em julho no valor de $ 150.000.

Pagamento de juros

Juros bancários referentes a empréstimo são pagos mensalmente de março a maio no valor mensal de $ 3.000.

Pagamento de dividendos

Pagamento de dividendos previsto para o mês de julho, $ 20.000.

Pagamento de empréstimo bancário

Pagamento em junho de $ 30.000.

Outras informações

Saldo inicial de caixa .... $ 60.000
Saldo mínimo de caixa .... $ 30.000

Elaborar o fluxo de caixa integrado da Cia. Maranhão.

Programação de Recebimentos						
Previsão de vendas	março	abril	maio	junho	julho	agosto
	200.000	200.000	250.000	250.000	300.000	300.000
Recebimentos						
Vendas à vista (20%)	40.000	40.000	50.000	50.000	60.000	60.000

	março	abril	maio	junho	julho	agosto
Vendas a prazo						
30 dias (50%)		100.000	100.000	125.000	125.000	150.000
60 dias (30%)			60.000	60.000	75.000	75.000
Total	40.000	140.000	210.000	235.000	260.000	285.000
Outros recebimentos						
Aluguéis	6.000	6.000	6.000	6.000	6.000	6.000
Venda de imobilizado				30.000	20.000	
Total	**46.000**	**146.000**	**246.000**	**261.000**	**266.000**	**291.000**

Programação de Pagamentos						
Compras	março	abril	maio	junho	julho	agosto
(60% das venda)	120.000	120.000	150.000	150.000	180.000	180.000
Compras à vista (20%)	24.000	24.000	30.000	30.000	36.000	36.000
Compras a prazo						
30 dias (60%)		72.000	72.000	90.000	90.000	108.000
60 dias (20%)			24.000	24.000	30.000	30.000
Total das compras	24.000	96.000	126.000	144.000	156.000	174.000
	março	abril	maio	junho	julho	agosto
Outros pagamentos						
Salários / Comissões	32.000	32.000	37.000	37.000	42.000	42.000
Impostos	20.000	20.000	25.000	25.000	30.000	30.000
Compra de equipamento					150.000	
Pagto. de juros	3.000	3.000	3.000			
Dividendos					20.000	
Empréstimo				30.000		
Total	**79.000**	**151.000**	**191.000**	**236.000**	**398.000**	**246.000**

Orçamento de Caixa

	maio	junho	julho	agosto
Recebimentos				
Vendas	210.000	235.000	260.000	285.000
Aluguéis	6.000	6.000	6.000	6.000
Imobilizado	30.000	20.000		
Total	**246.000**	**261.000**	**266.000**	**291.000**
(–) Pagamentos				
Compras	126.000	144.000	156.000	174.000
Salário/Comissões	37.000	37.000	42.000	42.000
Impostos	25.000	25.000	30.000	30.000
Equipamento			150.000	
Juros	3.000			
Dividendos		20.000		
Empréstimo	30.000			
Total	**191.000**	**236.000**	**398.000**	**246.000**
(=) Fluxo de caixa líquido	55.000	25.000	(132.000)	45.000
(+) Saldo inicial de caixa	60.000	115.000	140.000	8.000
(=) Saldo final de caixa	115.000	140.000	8.000	53.000
(–) Saldo mínimo de caixa	30.000	30.000	30.000	30.000
(=) Saldo de caixa líquido	85.000	110.000	(22.000)	23.000

9.1.4 – Vantagens do Orçamento de Caixa

Entre as vantagens de uma empresa utilizar um demonstrativo de orçamento de caixa, destacamos as seguintes:

Permite ao administrador financeiro utilizar as disponibilidades de caixa da maneira mais lucrativa e racional possível;

Possibilita o planejamento de empréstimos e a capacidade de amortizá-los com maior segurança;

Através do orçamento, o profissional de finanças poderá manter o saldo de caixa o mais próximo possível do nível estipulado pela empresa;

Poderá ter mais segurança ao assumir compromissos de qualquer natureza, porque saberá quando poderá honrá-los;

Faz com que o administrador financeiro visualize os pontos positivos e negativos nas operações da empresa;

Finalmente, possibilitará o acompanhamento e controle das metas e objetivos que a empresa pretende atingir.

Vale ressaltar que, periodicamente, o orçamento deve ser comparado com os efetivos resultados apresentados, para que possam ser corrigidos eventuais desvios ocasionados, principalmente por flutuações no mercado e variações nas atividades econômico-financeiras.

9.2 – Orçamento do Lucro

Uma empresa elabora orçamentos com a finalidade de avaliar os efeitos da política adotada pelos administradores em um período futuro. Através do orçamento de caixa, a empresa pode prever sua situação de liquidez em um determinado período. Por outro lado, a empresa precisa também projetar estimativas referentes ao lucro esperado no final do período, e isso é possível através de um demonstrativo denominado orçamento do lucro.

Para elaborar a projeção do demonstrativo de resultado, o administrador financeiro utiliza o demonstrativo de resultado do último exercício e a projeção das vendas para o próximo período.

A previsão das vendas, como aconteceu no orçamento de caixa, é o principal componente do planejamento do lucro e, na verdade, de qualquer tipo de planejamento financeiro dentro de uma empresa. É através das vendas que a empresa obtém a grande maioria das receitas, e é também pelas vendas que ela atinge seu objetivo primordial, que é maximizar a riqueza através do lucro.

A técnica utilizada para a preparação do demonstrativo de resultado consiste na separação dos componentes fixos e variáveis dos custos e despesas. Isso se torna necessário para que o administrador financeiro, no estudo do incremento das vendas, possa apropriar adequadamente ao produto, cada custo e despesa, através de um critério que considere o componente fixo (que não se altera com a mudança do volume de vendas) e o componente variável (que se altera proporcionalmente às variações no volume de vendas).

ESTUDO DE CASO – CIA. MATO GROSSO

Através das informações abaixo, elaborar o demonstrativo de resultado projetado da Cia. Mato Grosso para o período de 2011.

Demonstrativo de Resultado – ano de 2010

Vendas

Produto A (1.000 unidades a $ 20,00) 20.000

Produto B (3.000 unidades a $ 40,00) 120.000

Produto C (2.000.unidades a $ 30,00) .... 60.000 .... 200.000

(–) Custo das mercadorias vendidas

Custo fixo 56.000

Custo variável

Produto A (40%) das vendas 8.000

Produto B (50%) das vendas 60.000

Produto C (60%) das vendas .... 36.000 .... 160.000

(=) Lucro bruto 40.000

(–) Despesas operacionais

Despesas fixas 12.000

Despesas variáveis (4% das vendas) .... 8.000 .... 20.000

(=) Lucro operacional 20.000

(–) Despesas financeiras

Juros (despesa fixa) 2.000

(=) Lucro antes do imposto de renda 18.000

( ) Provisão para I-Renda (30%)...5.400

(=) Lucro líquido..12.600

CIA MATO GROSSO – Previsão de vendas para 2011

Aumento de 30% nas vendas

Desconto de 4% no preço unitário

Quantidade de venda projetada

Produto A..1.300 unidades
Produto B..3.900 unidades
Produto C..2.600 unidades

Preço de venda projetado

Produto A.......................................$ 19,20 p/ unidade
Produto B ....$ 38,40 p/ unidade
Produto C ....$ 28,80 p/ unidade

Cia Mato Grosso – Demonstrativo de Resultado

ANO 2010 ..... PROJEÇÃO 2011

Vendas

Produto A	20.000	24.960
Produto B	120.000	149.760
Produto C	60.000	74.880
Total	**200.000**	**249.600**

(-) Custo das mercadorias vendidas

Custo fixo	56.000	56.000

Custo variável

Produto A	8.000	9.984
Produto B	60.000	74.880
Produto C	36.000	44.928
Total	**160.000**	**185.792**
(=) Lucro bruto	**40.000**	**63.808**

(–) Despesas operacionais

Despesas fixas	12.000	12.000
Despesas variáveis	8.000	9.984
Total	**20.000**	**21.984**
(=) Lucro operacional	**20.000**	**41.824**
(–) Despesas financeiras – juros	**2.000**	**2.000**
(=) Lucro antes do I-Renda	**18.000**	**39.824**
(–) Provisão p/ I-Renda	**5.400**	**11.947**
(=) Lucro líquido	**12.600**	**27.877**

Capítulo 10

Administração e Análise de Custos Relação Custo-Volume-Lucro

Temas em Discussão

- Custos Fixos e Variáveis;
- Margem de Contribuição;
- Análise do Ponto de Equilíbrio;
- ABC – *Activity Based Costing* – Custeio Baseado em Atividades.

10.1 – Introdução

A análise da relação entre custo, volume e lucro é um estudo que envolve as quantidades de produtos fabricadas por uma empresa, os preços praticados nas vendas desses produtos, os diferentes custos incorridos pela empresa nesse processo e, consequentemente, a rentabilidade obtida através dessas atividades.

Normalmente, esse tipo de análise é feita através da equação:

$$(P \times Q) - (CV + CF) = L$$

P = preço unitário de venda
Q = quantidade produzida e vendida
CV = custo variável
CF = custo fixo
L = lucro

O objetivo do administrador financeiro é analisar cada um dos componentes dessa equação, de maneira que possa tomar decisões financeiras com segurança, que possibilitem uma avaliação adequada das alternativas existentes na estrutura de custo da empresa.

São decisões de ordem estratégica que vão indicar os rumos a serem seguidos pela empresa e envolvem problemas complexos, como:

Que preço de venda é o mais adequado aos vários produtos para se adicionar competitividade sem perder rentabilidade?

Como calcular todos os custos referentes a cada produto?

Qual a quantidade de produção e venda ideal para cada produto?

A tecnologia atualmente utilizada pela empresa é adequada ou precisa ser substituída por outra mais moderna?

Inicialmente, o analista financeiro deve classificar os custos de acordo com sua natureza, de forma que possa elaborar uma planilha adequada para análise.

Os custos incorridos pelas empresas podem ser:

10.2 – Classificação dos Custos

Custos Fixos

São aqueles que permanecem inalterados, independentemente do acréscimo ou decréscimo do nível de produção e vendas.

Por exemplo, se a empresa paga mensalmente o valor de $ 10.000 a título de aluguel do imóvel onde está instalada, havendo um aumento na produção mensal na ordem de 20%, o valor do aluguel permanecerá inalterado, o mesmo se dando quando o nível de produção cair em 20%. É exatamente esse fato que caracteriza o custo fixo.

Entretanto, como existe um limite de capacidade produtiva, o custo fixo não permanece inalterado por um tempo ilimitado. Quando a empresa atingir seu nível máximo de produção, terá, por exemplo, que alugar outro prédio, aumentando assim aquele custo que permanecerá fixo, porém em outro patamar.

Por esse motivo, o custo fixo deve ser analisado sempre dentro de um período específico, normalmente o exercício social.

Outra característica do custo fixo é que ele é variável por unidade produzida, conceito que, apesar de simples, pode levar a algumas confusões. Se a empresa produzir 100.000 unidades e tiver um custo fixo total de $ 100.000,00, o custo fixo por unidade será de $ 1,00. Havendo um aumento no nível de produção para 200.000 unidades, o custo fixo total permanecerá em $ 100.000,00, todavia, o custo fixo unitário passará de $ 1,00 para $ 0,50.

Custos Variáveis

São aqueles que variam na mesma proporção que o nível de produção e vendas. Suponhamos que uma empresa venda $ 100.000,00 em um determinado mês e pague a título de comissões 5% das vendas. Naquele mês, ela terá que desembolsar $ 5.000,00. Aumentando suas vendas para $ 200.000,00, terá que pagar não mais $ 5.000,00 e sim $ 10.000,00 (5% do novo volume de vendas).

Cada vez que houver uma variação no nível de produção e vendas, o custo variável também mudará proporcionalmente.

Da mesma forma que os custos fixos, os custos variáveis têm uma significante característica. Eles são variáveis no total, mas fixos por unidade.

Por exemplo, se a empresa tem um custo variável na ordem de 50% do preço de venda, quando ela produzir 100.000 unidades a $ 1,00, terá um custo variável total de $ 50.000,00 e um custo variável unitário de $ 0,50. Aumentando seu nível de produção para 200.000 unidades, o custo variável total mudará para $ 100.000,00. Entretanto, seu custo variável unitário permanecerá fixo em $ 0,50.

Custos Semivariáveis

São aqueles que, embora variáveis, possuem um componente fixo, e por esse motivo variam de acordo com a mudança do nível de atividade, mas não na mesma proporção.

Como exemplo, temos o consumo de energia elétrica. A parte consumida nos equipamentos para fabricação dos produtos é variável, enquanto que a parte utilizada para iluminação, equipamentos do escritório etc. é fixa.

10.3 – Margem de Contribuição

É um dos conceitos mais importantes dentro da análise da relação custo-volume-lucro. É definida como a diferença entre o preço de venda unitário e o custo variável unitário dessa mesma unidade.

Através do cálculo da margem de contribuição de cada produto, o administrador financeiro poderá analisar a viabilidade de se fabricar cada um e quais apresentam maior ou menor rentabilidade antes de receberem a carga dos custos fixos, o que normalmente é feito em forma de rateio, ou seja, é distribuído proporcionalmente para todos os produtos fabricados, fato este que pode distorcer a análise de viabilidade individual dos produtos.

ESTUDO DE CASO – CIA. ROMA

A Cia. Roma é uma empresa do setor industrial. Fabrica quatro produtos e apresenta a seguinte estrutura de preços e custos.

Quantidade produzida	
Produto A	50.000 unidades
Produto B	40.000 unidades
Produto C	40.000 unidades
Produto D	30.000 unidades
Total	160.000 unidades
Preço de venda unitário	
Produto A	$ 3,00
Produto B	$ 1,80
Produto C	$ 5,00
Produto D	$ 4,00
Custos	
Custo variável = 60% do preço de venda	
Custo fixo = R$ 160.000,00	

Planilha de Custos – Cia. Roma

	PROD. A	PROD. B	PROD. C	PROD. D
Preço unitário de venda	3,00	1,80	5,00	4,00
(–) Custo variável unitário (60%)	1,80	1,08	3,00	2,40
(=) Margem de contribuição	**1,20**	**0,72**	**2,00**	**1,60**
(–) Custos fixos ($ 160.000,00 / 160.000 unid.)	1,00	1,00	1,00	1,00
(=) Margem líquida	**0,20**	**(–) 0,28**	**1,00**	**0,60**

Analisando a planilha de custos da Cia. Roma, observamos que o produto **B** está com sua fabricação comprometida em função de apresentar uma margem líquida negativa, e a empresa está pensando em interromper sua fabricação por considerá-lo inviável.

Entretanto, o administrador financeiro da Cia., analisando a margem de contribuição apresentada nos produtos fabricados, entende que todos são rentáveis e apresenta a seguinte explicação:

Hipótese 1
Interromper a Fabricação do Produto B

Planilha de Custos – Cia. Roma
(Eliminando o Produto B)

	PROD. A	PROD. C	PROD. D
Preço unitário de venda	3,00	5,00	4,00
(–) Custo variável unitário (60%)	1,80	3,00	2,40
(=) Margem de contribuição	**1,20**	**2,00**	**1,60**
(–) Custos fixos operacionais ($ 160.000,00 / 120.000 unid.)	1,33	1,33	1,33
(=) Margem líquida	**(–) 0,13**	**0,67**	**0,27**

Eliminada a fabricação do produto **B**, a empresa aumentou a carga dos custos fixos unitários dos demais produtos, sendo que, seguindo o mesmo raciocínio, a empresa deixará de fabricar o produto **A** que, com a interrupção do **B**, também ficou com a margem líquida negativa.

A explicação para esse fato é muito simples. A análise de viabilidade individual dos produtos deve ser feita partindo da **margem de contribuição**. A princípio, qualquer produto que apresente uma margem de contribuição positiva é viável economicamente, pois contribui para o resultado final e ajuda a diluir os custos fixos operacionais, distribuídos em forma de rateio a todos os produtos fabricados.

Podemos visualizar facilmente esse fato através do demonstrativo de resultado das duas situações.

Demonstrativo de Resultado
(Situação Atual)

Vendas

Produto A ($ 3,00 × 50.000 unid.) ....$ 150.000,00
Produto B ($ 1,80 × 40.000 unid.)..................................$ 72.000,00
Produto C ($ 5,00 × 40.000 unid.)................................$ 200.000,00
Produto D ($ 4,00 × 30.000 unid.)................................$ 120.000,00
Total... **$ 542.000,00**

Custo variável (60%)...$ 325.200,00
Custo fixo operacional...$ 160.000,00
Lucro operacional.. **$ 56.800,00**

Demonstrativo de Resultado
(Hipótese nº 1)

Vendas

Produto A ($ 3,00 × 50.000 unid.) ....$ 150.000,00
Produto C ($ 5,00 × 40.000 unid.)..................................$ 200.000,00
Produto D ($ 4,00 × 30.000 unid.)..................................$ 120.000,00
Total... **$ 470.000,00**
Custo variável (60%)...$ 282.000,00
Custos fixos operacionais..$ 160.000,00
Lucro operacional.. **$ 28.000,00**

Como podemos observar, ao suprimir equivocadamente o produto **B** de sua linha de produção, a empresa teve uma diminuição em seu lucro operacional de aproximadamente 50%.

Hipótese 2
(Aumento no volume de produção e vendas de 50%)

	Quantidade produzida	Preço unitário
Produto A	75.000 unidades	$ 3,00
Produto B	60.000 unidades	$ 1,80
Produto C	60.000 unidades	$ 5,00
Produto D	45.000 unidades	$ 4,00
Total	240.000 unidades	

Planilha de Custos – Cia. Roma
Hipótese nº 2

	PROD. A	PROD. B	PROD. C	PROD. D
Preço unitário de venda	3,00	1,80	5,00	4,00
Custo variável unitário	1,80	1,08	3,00	2,40
Margem de contribuição	**1,20**	**0,72**	**2,00**	**1,60**
Custos fixos operacionais				
($ 160.000,00 / 240.000 unid.)	0,67	0,67	0,67	0,67
Margem líquida	**0,53**	**0,05**	**1,33**	**0,93**

Através da apresentação da hipótese nº 2, confirmamos que a margem líquida não é um bom parâmetro para análise individual dos produtos.

Ao aumentarmos o volume de vendas dos produtos, o produto B acabou ficando com sua margem líquida positiva, apesar de continuar com a mesma estrutura de custo e o mesmo preço unitário.

Através de todos esses argumentos, notamos que o custo fixo operacional está intimamente relacionado às quantidades totais produzidas e vendidas pela empresa.

Quanto maior a quantidade vendida, e mantendo a empresa a mesma estrutura de custos fixos, maior será a rentabilidade individual dos produtos, fato este explicado pela forma como os custos fixos operacionais são distribuídos aos produtos.

Portanto, o custo fixo operacional deve ser utilizado como uma medida de desempenho, ou seja, qual o custo de manter a atividade operacional da empresa em pleno funcionamento e qual o impacto desse custo sobre o preço de venda unitário.

Muitas vezes, os administradores se preocupam com produtos que não apresentam margem líquida positiva em decorrência da carga de custos fixos e se esquecem de melhorar a eficiência e eficácia na administração e no controle das atividades geradoras desses custos; ou, ainda, não procuram analisar as variações nos volumes de vendas dos diversos produtos, muitas vezes em montantes inadequados à estrutura operacional da empresa.

10.4 – Ponto de Equilíbrio

É uma ferramenta utilizada pelo administrador financeiro, baseada nas relações entre custos e receitas, cuja finalidade é determinar o ponto em que as vendas cobrem exatamente os custos totais.

É determinado a partir das fórmulas:

Ponto de equilíbrio em quantidade

$$Q = \frac{F}{P - V}$$

Ponto de equilíbrio em valor

$$RT = \frac{F}{(P - V)/P}$$

P = preço de venda por unidade
Q = quantidade de vendas em unidade
F = custo fixo total
V = custo variável por unidade
RT = receita total

ADMINISTRAÇÃO E ANÁLISE DE CUSTOS RELAÇÃO CUSTO-VOLUME-LUCRO

Exemplo:
Suponhamos que uma empresa possua a seguinte estrutura de custos e preço:

Preço de venda por unidade .... $ 10,00
Custos fixos operacionais...$ 2.500,00
Custo variável unitário... $ 5,00

Ponto de equilíbrio em quantidade

$$Q = \frac{2.500}{10 \, (-) \, 5} \qquad Q = \frac{2.500}{5} \qquad Q = 500$$

Ponto de equilíbrio em valor

$$RT = \frac{2.500}{(10 \, (-) \, 5) \, / \, 10} \qquad RT = \frac{2.500}{5 \, / \, 10} \qquad RT = 5.000$$

Neste exemplo, a empresa terá um lucro operacional para vendas acima de 500 unidades e prejuízo nas vendas inferiores a 500 unidades.

Gráfico do Ponto de Equilíbrio

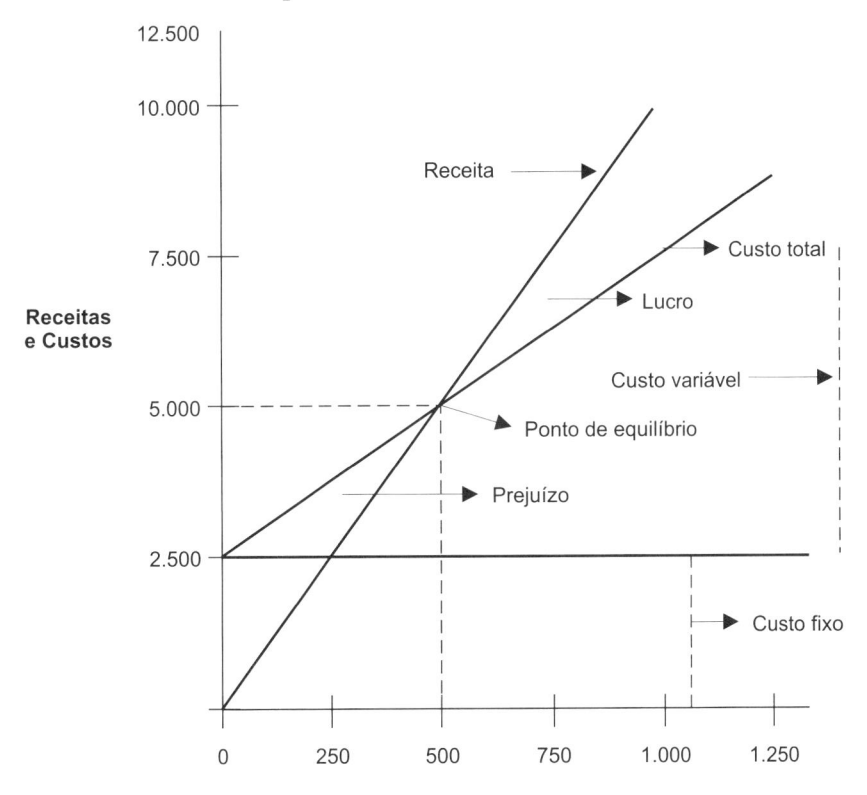

No gráfico de ponto de equilíbrio, temos no eixo horizontal o volume produzido e no eixo vertical os custos e receitas.

Os custos fixos são representados por uma reta horizontal e não apresentam variações qualquer que seja o número de unidades produzidas. Eles permanecem inalterados em $ 2.500, independentemente de qualquer variação nas vendas.

A receita total é mostrada como uma linha reta com inclinação positiva, partindo do ponto zero.

Os custos variáveis também são representados por uma reta que se inicia a partir da reta dos custos fixos e tem uma inclinação menos acentuada que a reta da receita total. Isso acontece em função da receita unitária de vendas ($10) ser maior que o custo unitário ($ 5).

O ponto de equilíbrio é encontrado através da interseção das retas da receita total e custo total. Até o ponto de equilíbrio, a empresa tem prejuízo, e depois desse ponto, começa a ter lucro. O gráfico indica o ponto de equilíbrio quando o nível de custos e de vendas é igual a $ 5.000 a um nível de produção de 500 unidades.

No exemplo apresentado, a empresa vende apenas um produto. Entretanto, esse não é o caso da maioria das empresas que fabrica e vende vários produtos.

Para efetuarmos o cálculo do ponto de equilíbrio nas situações em que a empresa vende vários produtos, é necessário o cálculo da margem de contribuição média (Mcm).

$$\text{Mcm} = \frac{\text{margem de contribuição média}}{\text{total das vendas}}$$

$$\text{Pe} = \frac{\text{CF}}{\text{Mcm}}$$

Para exemplificarmos a nova situação, vamos analisar o estudo de caso a seguir:

ESTUDO DE CASO – CIA. VENEZA

A Cia. Veneza vende quatro produtos. Através das informações a seguir, calcular o ponto de equilíbrio da empresa.

	PROD. A	PROD. B	PROD. C	PROD. D
Vendas mensais (Unidades)	25.500	18.000	30.000	15.000
Preço unitário	20,00	30,00	40,00	50,00
Custo variável unitário	50%	40%	60%	60%
Custo fixo operacional total				1.177.800,00

RESOLUÇÃO:

Para o cálculo do ponto de equilíbrio, vamos primeiramente elaborar um demonstrativo de resultado gerencial da empresa.

Demonstrativo de Resultado – Cia. Veneza

VENDAS

Prod. A (25.500 unidades x 20,00)	510.000,00	
Prod. B (18.000 unidades x 30,00)	540.000,00	
Prod. C (30.000 unidades x 40,00)	1.200.000,00	
Prod. C (15.000 unidades x 50,00)	750.000,00	
Total	3.000.000,00	**100%**
CUSTO VARIÁVEL		
Prod. A (50% x 510.000,00)	255.000,00	
Prod. B (40% x 540.000,00)	216.000,00	
Prod. C (60% x 1.200.000,00)	720.000,00	
Prod. D (60% x 750.000,00)	450.000,00	
Total	1.641.000,00	**54,7%**
MARGEM DE CONTRIBUIÇÃO	1.359.000,00	**45,3%**
CUSTO FIXO	1.177.800,00	**39,26%**
LUCRO	181.200,00	**6,04%**

Cálculo do Ponto de Equilíbrio

$$Mcm = \frac{1.359.000,00}{3.000.000,00} \quad Mcm = 0,453$$

$$Pe = \frac{1.177.800,00}{0,453} \quad Pe = R\$\ 2.600.000,00$$

A Cia. Veneza atinge seu ponto de equilíbrio quando sua receita total atinge R$ 2.600.000,00, como podemos comprovar através do demonstrativo de resultado no ponto de equilíbrio

VENDAS	2.600.000,00
CUSTO VARIÁVEL (2.600.000,00 × 54,7%)	1.422.200,00
CUSTO FIXO	1.177.800,00
LUCRO	– 0 –

Limitações da Análise do Ponto de Equilíbrio

Apesar de a análise do ponto de equilíbrio ser muito útil, sobretudo na determinação do preço de venda e controle dos custos, não podemos deixar de entender que se trata de uma ferramenta com sérias limitações.

Quando se faz uma projeção das vendas futuras a diferentes preços, a análise financeira através do ponto de equilíbrio não é a mais adequada, pois é baseada em um preço de venda constante, sendo necessário um gráfico para cada novo preço.

Para as empresas que têm uma grande linha de produtos, o administrador financeiro também terá dificuldades em empregar a análise do ponto de equilíbrio. Nesse caso, a empresa terá várias possibilidades de ponto de equilíbrio dependendo da combinação dos preços e das quantidades dos diversos produtos fabricados e vendidos.

Em resumo, a análise do ponto de equilíbrio é um bom instrumento de avaliação de preços e custos, o que ajuda significativamente o profissional de finanças na tomada de decisões. Entretanto, nos casos mais complexos, faz-se necessária uma análise mais detalhada antes que possam ser tomadas as decisões definitivas.

ESTUDO DE CASO – CIA. MINAS GERAIS

A Cia. Minas Gerais, uma pequena indústria que fabrica apenas um produto, apresenta a seguinte estrutura de preço e custos:

Preço unitário de venda .... $ 25,00
Custo fixo operacional ....$ 6.250,00
Custo variável unitário... $ 12,50

A empresa quer avaliar o impacto no seu ponto de equilíbrio ao efetuar as seguintes modificações em sua estrutura de preço e custos:

1) Aumentar os custos fixos operacionais para $ 7.500,00
   Diminuir o custo variável unitário para $ 7,50
2) Aumentar o preço unitário de vendas para $ 31,25
3) Aumentar o custo variável unitário para $ 18,75
   Diminuir os custos fixos operacionais para $ 5.500,00
4) Aumentar o preço unitário de vendas para $ 31,25
   Aumentar os custos fixos operacionais para $ 7.500,00
   Diminuir o custo variável unitário para $ 7,50

Os administradores financeiros devem calcular o ponto de equilíbrio para a situação atual e para cada nova situação proposta.

RESPOSTA

Situação atual

$$Q = \frac{\$\ 6.250,00}{\$\ 25,00 - \$\ 12,50} \qquad Q = 500 \text{ unidades}$$

RT = 500 × $ 25,00 $ 12.500,00

Situação proposta 1

$$Q = \frac{\$\ 7.500,00}{\$\ 25,00 - \$\ 7,50} \qquad Q = 428 \text{ unidades}$$

RT = 428 × $ 25,00 $ 10.700,00

Situação proposta 2

$$Q = \frac{\$\ 6.250,00}{\$\ 31,25 - \$\ 12,50} \qquad Q = 333 \text{ unidades}$$

RT = 333 × $ 31,25 $ 10.406,00

Situação proposta 3

$$Q = \frac{\$\ 5.500,00}{\$\ 25,00 - \$\ 18,75} \qquad Q = 880 \text{ unidades}$$

$$RT = 880 \times \$\ 25,00 \qquad \$\ 22.000,00$$

Situação proposta 4

$$Q = \frac{\$\ 7.500,00}{\$\ 31,25 - \$\ 7,50} \qquad Q = 315 \text{ unidades}$$

$$RT = 315 \times \$\ 31,25 \qquad \$\ 9.843,00$$

ESTUDO DE CASO – CIA. PARÁ

A Cia. Pará fabrica dois produtos e apresenta a seguinte estrutura de preço e custos:

Vendas no período			
Produto A	200.000	unidades a $ 2,40=	$ 480.000,00
Produto B	120.000	unidades a $ 6,20=	$ 744.000,00

Custos variáveis		
	Produto A (% do preço unitário)	Produto B (% do preço unitário)
Matéria-prima	25%	30%
Comissão sobre vendas	5%	5%
Mão de obra direta	4%	7%
Impostos sobre o faturamento	16%	16%

Custos fixos

Despesas com infraestrutura ....$ 31.500,00
Despesas com veículos..$ 13.500,00
Despesas com vendas ....$ 9.000,00
Despesas com salários e encargos..................................$ 126.000,00
Despesas com honorários da diretoria............................$ 63.000,00
Despesas financeiras ....$ 45.000,00
Despesas diversas...$ 4.500,00
Despesas com depreciação...$ 9.000,00

Com base nos dados apresentados, preparar as planilhas de custos dos produtos fabricados pela Cia. Pará.

Planilha de Custos – Produto A

Preço de venda unitário ....2,40 ....100,00%

Custo variável unitário
Matéria-prima 2,40 × 25 0,60
Comissões sobre vendas 2,40 × 5......................0,12
Mão de obra direta 2,40 × 4 0,10
Impostos sobre o faturamento 2,40 × 16 0,38
Total .... **1,20** **50,00%**

Margem de contribuição .... **1,20** **50,00%**
Custo fixo
$ 301,500 / 320.000 unidades
Total .... **0,94** **39,17%**

Margem líquida.. **0,26** **10,83%**

Planilha de Custos – Produto B

Preço de venda unitário .... **6,20** **100,00%**
Custo variável unitário
Matéria-prima 6,20 × 30 1,86
Comissão sobre vendas 6,20 × 5% 0,31
Mão de obra direta 6,20 × 7% 0,43
Impostos sobre faturamento 6,20 × 16% 0,99
Total .... 3,59 .... 57,90%

Margem de contribuição .... 2,61 .... 42,10%
Custo fixo
$ 301,500 / 320.000 unidades
Total .... 0,94 .... 15,16%

Margem líquida .... 1,67 .... 26,94%

Nas planilhas de custo dos produtos da Cia. Pará, notamos que o produto A apresenta a melhor margem de contribuição e também o menor custo variável unitário em termos percentuais. Entretanto, ao analisarmos as duas planilhas, percebemos que o produto B oferece um melhor resultado para a empresa, pois é o que apresenta a melhor margem de contribuição em valores, apesar de ter um custo variável maior.

No caso de uma expansão de vendas com a mesma estrutura de custos fixos operacionais, a Cia. Pará deve, preferencialmente, tentar um aumento nas vendas do produto B que oferece a melhor margem de contribuição em valores.

Para cada unidade de venda do produto B, a empresa tem uma margem de contribuição de $ 2,61, enquanto que para cada unidade de venda do produto A, a margem de contribuição é de $ 1,20.

ESTUDO DE CASO – CIA. PARAÍBA

A Cia. Paraíba está procurando alternativas para viabilizar a venda do produto Alfa, que nos últimos anos vem apresentando prejuízos à empresa.

Com base nos números abaixo, a empresa solicitou aos seus administradores financeiros que preparassem uma planilha de custos do produto e apresentassem alternativas para viabilizar a venda do produto Alfa.

unidades vendidas	80.000
preço de venda unitário	$ 3,00
matéria-prima	35% do preço de venda unitário.
comissões sobre vendas	6% do preço de venda unitário.
Mão de obra direta	10% do preço de venda unitário.
Impostos sobre o faturamento	9% do preço de venda unitário.
Custo fixo	$ 100.000,00

Planilha de Custos – Produto Alfa

Preço de venda unitário 3,00
Custo variável unitário

Matéria-prima 35% × 3,00 1,05
Comissões sobre vendas 6% × 3,00 0,18
Mão de obra direta 10% × 3,00 0,30
Impostos sobre o faturamento 9% × 3,00 0,27
Total 1,80

Margem de contribuição 1,20
Custo fixo
$ 100.000,00 / 80.000 unidades
Total 1,25

Margem líquida (prejuízo .... 0,05)

Ponto de Equilíbrio – Produto Alfa

$$Q = \frac{\$ \ 100.000,00}{\$ \ 3,00 - \$ \ 1,80} \qquad \textbf{Q = 83.333 unidades}$$

Demonstrativo de Resultado do Exercício – Cia. Paraíba

Vendas $ 3,00 × 80.000 ....240.000,00
(–) Custos variáveis $ 1,80 × 80.000 ....144.000,00
(–) Custos fixos 100.000,00
Prejuízo no exercício 4.000,00

A Cia. Paraíba está trabalhando com prejuízo porque as vendas estão abaixo do ponto de equilíbrio, ou seja, está vendendo 80.000 unidades do produto quando deveria vender pelo menos 83.333 unidades. Entretanto, os administradores financeiros concluíram que a fabricação do produto Alfa é viável em função de apresentar uma margem de contribuição positiva, ocasionando prejuízo somente após receber a carga dos custos fixos.

A proposta apresentada pelos administradores, diante do quadro apresentado, foi conseguir um aumento no volume de vendas através da redução do preço de venda unitário do produto.

Os estudos indicaram que, se a empresa oferecer aos seus clientes um desconto financeiro de 7% no seu preço unitário de venda, conseguirá uma expansão nas vendas na ordem de 40%.

Planilha de Custos Produto Alfa – (Situação Proposta)

Total das vendas
80.000 + 40% = 112.000 × $ 2,79 = $ 312.480,00
Preço de venda unitário $ 3,00 – 7% 2,79
(–) Custo variável unitário
Matéria-prima 35% × $ 3,00 1,05
Comissão sobre vendas 6% × $ 3,00.. 0,18
Mão de obra direta 10% × 3,00.. 0,30
Impostos sobre o faturamento 9% × $ 3,00 0,27
Total...1,80

Margem de contribuição 0,99
(–) Custo fixo
$ 100.000 / 112.000 unidades
Total...0.89

Margem líquida...0,10

> Ponto de Equilíbrio – Produto Alfa – (Situação Proposta)
>
> $$Q = \frac{\$\ 100.000}{\$\ 2,79 - \$\ 1,80} \qquad Q = 101.010 \text{ unidades}$$

> **Demonstrativo de Resultado Cia. Paraíba – (Situação Proposta)**
>
> Vendas $ 2,79 × 112.000 ....312.480,00
> (–) Custos variáveis $ 1,80 × 112.000 ....201.600,00
> (–) Custos fixos 100.000,00
> Lucro no período..10.880,00

As outras alternativas para melhorar a rentabilidade da empresa através da comercialização do produto Alfa seriam: um aumento no preço unitário de vendas ou uma redução nos custos. Possibilidades estas que muitas vezes dependem também de fatores externos.

Análise de Custos – Estudos de Casos
1 – Azienda Vinícola Italiana
(Fonte: Adaptado de Anthony R. N. – *Management Accounting: Text and Cases*)

A Azienda Vinícola Italiana era uma empresa que produzia e vendia vinhos, sendo que grandes porcentagens de suas vendas eram constituídas de um vinho de mesa especial. A maior parte da freguesia estava localizada nas principais cidades italianas, onde havia representantes locais. Os preços cobrados pela empresa eram aproximadamente os mesmos de seus concorrentes.

Em 2011, a empresa vendeu 704.000 litros de vinho em 871.850 garrafas. Nos últimos anos, a procura havia aumentado e a empresa estava atingindo o limite máximo de sua capacidade produtiva, a qual era estimada em 900.000 garrafas por ano.

O processo de produção não era complicado, pois a empresa não comprava uvas e sim mosto de uva (suco da uva antes do processo de fermentação, o qual demora aproximadamente um mês para se realizar. Durante o processo de fermentação, despende-se bióxido de carbono e o açúcar é convertido em álcool. Portanto, o mosto é um produto instável enquanto o vinho é um produto estável).

Esse fato trazia uma desvantagem para a empresa, porque ela não conseguia assegurar-se de um produto consistentemente de alta qualidade. Além disso, foi estimado que se fossem compradas uvas em vez do mosto de uva, o custo de matéria-prima poderia ser reduzido em aproximadamente 10 liras por garrafa. Por outro lado, a compra e a instalação do equipamento necessário para espremer o suco de uvas requereria um investimento adicional de cerca de 50.000.000 de liras, e não se esperava qualquer aumento significativo de mão de obra se tal equipamento fosse comprado.

No departamento de produção existiam 40 operários que haviam trabalhado aproximadamente 900.000 horas durante 2011, e cujos salários médios por hora eram de 365 liras. O gerente administrativo era de opinião que 40% da mão de obra poderia ser considerada como fixa, enquanto o restante poderia ser considerada como variável, proporcionalmente ao volume de produção.

Em 2011, foram necessários 700.000 litros de mosto de uva para a produção da empresa, sendo que o custo dessa quantidade de mosto de uva tinha sido de 54.752.000 liras. O custo médio de outros materiais e suprimentos utilizados (garrafas, rolhas, rótulos etc.) foi de cerca de 41 liras por garrafa.

O gerente administrativo desejava organizar a empresa a fim de explorar sua capacidade máxima e, acima de tudo, aumentar o lucro líquido, o qual não era considerado satisfatório pelos donos da empresa, pois estes achavam que deveriam obter um lucro líquido de 8 a 9% sobre as vendas.

Abaixo é mostrado o Demonstrativo de Resultado da empresa, referente ao ano de 2011.

Demonstrativo de Resultado do Exercício
Azienda Vinícola Italiana – 2011 (em LIRAS)

VENDAS		174.670.000
CUSTOS DE FABRICAÇÃO		
Mão de obra	32.467.000	
Matéria-prima	54.752.000	
Outros materiais e suprimentos	35.774.000	
Despesas gerais de fabricação (dois funcionários)	4.795.000	
TOTAL		127.788.000
MARGEM DE CONTRIBUIÇÃO		46.882.000

CUSTOS OPERACIONAIS		
Despesas gerais administrativas	16.475.000	
Despesas de depreciação	10.540.000	
Despesas de juros	7.500.000	
Despesas de propaganda	7.900.000	
TOTAL		42.685.000
LUCRO OPERACIONAL		4.197.000

O lucro apresentado no exercício foi de 2,4%. Para melhorar a *performance* da empresa, o Gerente Administrativo pretendia criar relatórios onde ficassem bem evidenciadas as receitas e os custos e, então, os números apresentados poderiam ser melhor analisados.

O primeiro passo para essa análise era um estudo dos custos, separando-os em fixos e variáveis. Com esse objetivo em mente, ele examinou os números do Demonstrativo de Resultado do Exercício dos anos anteriores e chegou à conclusão que as quantias constantes no demonstrativo de 2011 eram representativas. Ele verificou também que diferentes tipos de vinhos tinham sido vendidos mais ou menos nas mesmas relações proporcionais em cada ano, apesar das grandes flutuações ao volume total dos negócios, fato este que confirmava suas conclusões sobre a representatividade das quantias constantes no demonstrativo de 2011.

A classificação dos custos que foi feita era a seguinte:

Custos Fixos	
40% da mão de obra	12.987.000
Salário do pessoal da administração	10.745.000
Despesas gerais de fabricação	4.795.000
Despesas gerais administrativas	6.000.000
Despesas de propaganda	7.900.000
Despesas de juros	7.500.000
Despesas de depreciação	10.540.000
TOTAL	60.467.000

Custos Variáveis	
60% da mão de obra	19.480.000
matéria-prima	54.752.000
Outros materiais e suprimentos	35.774.000
TOTAL	110.006.000

Considerando a nova classificação dos custos, o Demonstrativo de Resultado do Exercício do ano de 2011 ficou da seguinte forma:

Demonstrativo de Resultado do Exercício Azienda Vinícola Italiana – 2011 (em LIRAS)		
VENDAS	100%	174.670.000
CUSTOS DE FABRICAÇÃO		
Mão de obra 60%	19.480.000	
Matéria-prima	54.752.000	
Outros materiais e suprimentos	35.774.000	
TOTAL	62,979%	110.006.000
MARGEM DE CONTRIBUIÇÃO	37,021%	64.664.000
CUSTOS OPERACIONAIS		
40% da mão de obra	12.987.000	
Salário do pessoal da administração	10.745.000	
Despesas gerais de fabricação	4.795.000	
Despesas gerais administrativas	6.000.000	
Despesas de propaganda	7.900.000	
Despesas de juros	7.500.000	
Despesas de depreciação	10.540.000	
TOTAL	34,618%	60.467.000
LUCRO OPERACIONAL	2,403%	4.197.000

O gerente administrativo achava que a capacidade máxima da empresa era de 900.000 garrafas por ano. E, aos preços atuais, ele estimou que essa capacidade poderia resultar em uma receita de vendas igual a 180.000.000 de liras.

Questões a Serem Respondidas:
1 – Aceitando a distribuição dos custos em fixos e variáveis, conforme feita pelo gerente administrativo, determine:
   a) O volume de vendas onde a empresa atinge seu ponto de equilíbrio;
   b) O lucro que terá ao atingir a capacidade máxima de operação;

2 – Supondo que com o uso das instalações e equipamentos atuais, com uma produção e venda de 900.000 garrafas, possa se obter um lucro anual de 16.000.000 de liras, qual o preço unitário necessário para atingir essa lucratividade?

3 – Se a empresa optar pela compra do novo equipamento com as implicações abaixo, qual seria a rentabilidade obtida?

Suponha que o equipamento novo que pode ser adquirido seja depreciado pelo método linear, em dez anos, e que seu valor residual após esse período seja zero.

Suponha ainda que a empresa possa obter um financiamento em um banco governamental, com uma taxa de juros de 5% ao ano e com prazo de dez anos, para o pagamento do empréstimo.

A redução do custo da matéria-prima, conforme informado, seria de dez liras a garrafa.

4 – Calcular a rentabilidade da empresa com a compra do equipamento nas condições da questão três e com o aumento de preço estipulado em 229,50 a garrafa.

Solução do Caso – Azienda Vinícola Italiana

QUESTÃO 1 A Ponto de equilíbrio

$$PE = \frac{60.467.000}{64.664.000 \div 174.670.000}$$

PE = 163.331.620

Demonstrativo do ponto de equilíbrio

Vendas	163.331.620
(–) Custos variáveis (62,979%)	102.864.620
(=) Margem de contribuição	60.467.000
(–) Custos fixos	60.467.000
(=) Lucro	zero

Ponto de equilíbrio em quantidade de garrafas
Preço de venda 174.670.000 ÷ 871.850 = 200,34
PE = 163.331.620 ÷ 200,34 = 815 garrafas

QUESTÃO 1 B

Lucro ao atingir a capacidade máxima

Vendas (900.000 × 200,34)	180.306.000
(–) Custo variável (62,979%)	113.554.915
(=) Margem de contribuição	66.751.085
(–) Custos fixos	60.467.000
(=) Lucro	**6.284.085 (3,485%)**

QUESTÃO 2

Aumento no preço de venda

Quantidade vendida	900.000 garrafas
Lucro desejado	16.000.000
Custo fixo	60.467.000
Custo variável	62,979%

Margem de contribuição é igual a:

Custo fixo	60.467.000
(+) lucro desejado	18.000.000
(=)	76.467.000

Portanto,

Custo variável	62,979%
(+) Margem de contribuição	37,021%
(=) Vendas 100%	

Vendas é igual a 76.467.000 × 100% ÷ 37,021%

Vendas = 206.550.336

Vendas 206.550.336 ÷ 900.000 garrafas

Preço de venda que proporciona um lucro de 16.000.000 é de 229,50

Vamos conferir?

Vendas (900.000 garrafas a 229,50)	206.550.336
(–) Custo variável (62,979%)	130.083.336
(+) Margem de contribuição	76.467.000
(–) Custo fixo	60.467.000
Lucro	16.000.000

QUESTÃO 3

Aquisição de equipamento novo

Valor do equipamento novo	50.000.000
Depreciação anual	5.000.000
Juros anuais	5%
Matéria-prima – redução de 10 p/garrafa	9.000.000
900.000 garrafas	
Vendas (900.000 garrafas × 200,34)	180.306.000
Custo variável (113.554.915 (–) 9.000.000)	104.554.915
Margem de contribuição	75.751.085
Custo fixo (60.467.000 (+) 2.500.000 (+) 5.000.000)	67.967.000
Lucro	7.784.085

QUESTÃO 4

Lucro da empresa com aumento de preço e equipamento novo

Vendas (900.000 garrafas a 229,50)	206.550.336
Custo variável (130.083.336 (–) 9.000.000	121.083.336
Margem de contribuição	85.467.000
Custo fixo (60.467.000 (+) 2.500.000) (+) 5.000.000)	67.967.000
Lucro	17.500.000

RESUMO

Ponto de equilíbrio atual
PE = 163.331.620 ÷ 200, 34 = 815 garrafas

Lucro sobre vendas na capacidade máxima
Lucro de 6.284.085 igual a 3,485% das vendas

Qual o preço a ser praticado para se obter o lucro desejado de 16.000.000?
O preço de venda que proporciona um lucro de 16.000.000 é de 229,50

> **Se a empresa optar por um equipamento novo**
>
> Lucro sobre vendas no preço atual
> **O lucro sobre vendas, na capacidade máxima de produção, com utilização do equipamento novo, foi de 7.784.085 igual a 4,32% das vendas.**
>
> Lucro sobre vendas com aumento de preço
> **O lucro sobre vendas, na capacidade máxima de produção, com aumento no preço para 229,50 e com utilização do equipamento novo, foi de 17.500.000 igual a 8,47% das vendas.**

Os relatórios gerenciais financeiros propiciaram ao gerente administrativo visualizar os diferentes cenários que se apresentaram e, dessa forma, a decisão a ser tomada terá um grau de confiabilidade muito maior.

2 – Companhia de Conservas Centauro
(Fonte: Adaptado de Andersen T. A. – *Cases in Corporation Finance*)

O Sr. Pedro Silva, gerente de uma fábrica de conservas, há muito tempo planejava entrar nesse ramo de negócio por conta própria.

Contava com aproximadamente R$6.000.000,00 provenientes de uma herança e economias. Sabia que podia tomar emprestado do seu pai mais R$ 2.000.000,00, por tempo indeterminado. Esperava comprar uma fábrica de conservas, na região onde vivia, assim que surgisse uma oportunidade interessante.

Pretendia fabricar massa de tomates e, em sua opinião, o mercado oferecia possibilidades de bons lucros para um negócio que fosse bem administrado.

Em fevereiro de 2012, o Sr. Pedro teve conhecimento de que uma fábrica de conservas, em uma cidade próxima, estava à venda. Seu proprietário havia falecido e a viúva estava à procura de um comprador para o negócio.

Procurando melhor informar-se, o Sr. Pedro soube que a fábrica tinha três anos de funcionamento, achava-se em excelentes condições, com equipamentos modernos e bem projetada.

Na opinião do Sr. Pedro, o preço pedido de R$ 20.000.000,00 era razoável, pois no preço estava incluído, além do prédio, todo o equipamento.

Inclinado a fazer negócio, começou a estudar todos os aspectos relativos ao negócio. Conseguiu obter estatísticas de operações da fábrica referentes aos seus três anos de funcionamento, o que, junto à sua experiência no ramo, permitiu que o Sr. Pedro preparasse uma análise do custo do produto que pretendia vender.

Era necessário um estudo cuidadoso dos custos em função da concorrência bastante acentuada.

O produto era enlatado e acondicionado em caixas. Doze latas em cada caixa.

Considerando uma produção de 300.000 caixas de massa de tomates, os custos levantados foram os seguintes:

Cia. de Conservas Centauro

Estrutura de custos (300.000 caixas)

	Custo Total	Custo por caixa
CUSTOS VARIÁVEIS		
Tomates	4.910.000,00	16,30
Mão de obra direta	1.780.000,00	5,90
Latas	4.590.000,00	15,30
Despesas variáveis diretas	420.000,00	1,40
Total	11.700.000,00	38,90

CUSTOS FIXOS

Administração da fábrica	770.000,00
Administração geral	3.080.000,00
Impostos	490.000,00
Despesas fixas diversas	735.000,00
Depreciação dos veículos e instalações	1.255.000,00
Depreciação dos equipamentos	1.995.000,00
Total	8.325.000,00

Não estavam previstas substituições ou reformas, quer da fábrica ou do equipamento, para os próximos cinco anos. As despesas correntes de manutenção foram incluídas nas despesas fixas diversas. Acreditava-se que até o limite de 370.000 caixas por ano os custos fixos permaneceriam os mesmos.

Aproveitando as relações que havia feito com os compradores das empresas atacadistas, no tempo que era gerente de outras companhias, o Sr. Pedro entabulou entendimentos com grandes empresas do ramo a fim de obter contratos de distribuição de longo prazo.

O Sr. Pedro esperava que esses contratos o protegessem contra as quedas bruscas dos preços do seu produto.

Para adquirir a fábrica, ele faria um empréstimo bancário no valor de R$20.000.000,00. Como capital circulante, ele pretendia utilizar os R$ 6.000.000,00 de suas economias e os R$ 2.000.000,00 que tomaria emprestado de seu pai.

De acordo com os entendimentos havidos entre o Sr. Pedro e o banco consultado, o empréstimo de R$ 20.000.000,00 seria amortizado de acordo com o seguinte plano:

Ano de 2013 – R$ 4.800.000,00;
Ano de 2014 – R$ 4.640.000,00;
Ano de 2015 – R$ 4.480.000,00;
Ano de 2016 – R$ 4.320.000,00;
Ano de 2017 – R$ 4.160.000,00.

Nessas anuidades, R$ 4.000.000,00 representam a amortização do valor inicial do empréstimo e o restante os juros.

A produção estimada era de 350.000 caixas, sendo que a concorrência estava praticando preços em torno de R$ 98,00 a caixa.

Baseado nessas informações, e para que o negócio fosse viável, fez-se necessário resolver as seguintes questões:

1ª QUESTÃO

Considerando uma produção anual de 350.000 caixas, qual seria o preço de venda, por caixa, necessário para cobrir todos os custos, a amortização do empréstimo e os juros?

2ª QUESTÃO

Considerando que o Sr. Pedro, após pagar todos os custos, a amortização do empréstimo e os juros, pretende obter um lucro operacional de R$ 3.000.000,00, qual deveria ser o preço por caixa a ser praticado? Esse preço seria competitivo?

Solução do Caso – Cia. de Conservas Centauro

QUESTÃO 1

Ponto de equilíbrio – venda de 350.000 caixas

Custo variável para 350.000 caixas
350.000 × R$ 38,90 = R$ 13.615.000,00

Custo fixo com financiamento
R$ 8.325.000,00 + R$ 4.800.000,00 = R$ 13.125.000,00

Lucro no ponto de equilíbrio = zero

Receita de vendas = custo variável + custo fixo + lucro
R$ 13.615.000,00 + R$ 13.125.000,00 + zero
R$ 26.740.000,00

Demonstrativo de Resultado no Ponto de Equilíbrio

Vendas	26.740.000,00	100%
(–) Custos variáveis	13.615.000,00	50,92%
(=) Margem de contribuição	13.125.000,00	49,08%
(–) Custos fixos	13.125.000,00	
(=) lucro	zero	

Preço a ser cobrado por caixa: R$ 76,40 (26.740.000 ÷ 350.000)

QUESTÃO 2

Situação proposta – lucro de R$ 3.000.000,00

Informações
Margem de contribuição – 49,08%
Custo variável – 50,92%
Custo fixo – R$ 13.125.000,00
Lucro – R$ 3.000.000,00

Montante de vendas desejado
Margem de contribuição = custos fixos (+) lucro
MC + R$ 13.125.000,00 (+) R$ 3.000.000,00   R$ 16.125.000,00

Sendo:
Margem de contribuição R$ 16.125.000,00 – 49,08%
Vendas – 100%

Temos:
Vendas = R$ 16.125.000,00 × 100 ÷ 49,08
Vendas = R$ 32.854.523,23
Novo preço de venda por caixa: R$ 32.854.523,23 ÷ 350.000 = R$ 93,87

Vamos conferir?

Demonstrativo de Resultado com Lucro de R$ 3.000.000,00

Vendas	32.854.523,23	100%
(–) Custos variáveis	16.729.523,23	50,92%
(=) Margem de contribuição	16.125.000,00	49,08%
(–) Custos fixos	13.125.000,00	
(=) lucro	3.000.000,00	

Os estudos de caso discutidos no texto, Azienda Vinícola Italiana e Companhia de Conservas Centauro, foram adaptados de textos extraídos de estudos em inglês (ver fonte). Para efeito dos cálculos, os custos variáveis foram considerados com variação proporcional ao montante de vendas, embora saibamos que quando o aumento no volume de vendas é proporcionado somente por aumento do preço dos produtos, alguns desses custos permanecem inalterados.

Entretanto, para efeito de estudo dos impactos ocorridos em função das decisões financeiras nas empresas, os dois casos foram incluídos por enriquecer, sobremaneira, a aplicação dos mecanismos de análise de custos nas organizações.

10.5 – Outros Métodos de Custeio

Introdução

A abordagem utilizada no decorrer do capítulo foi a administração dos custos industriais através do método de custeio direto, que analisa a relação entre custo, volume e lucro. Entretanto, apesar de esse método se constituir na ferramenta mais utilizada pelas empresas, notadamente as nacionais, vale ressaltar que outros métodos estão sendo desenvolvidos.

Com o crescente avanço da informática, os sistemas de controle das empresas vão ficando cada vez mais sofisticados, permitindo um acompanhamento mais eficiente e minucioso dos fatores geradores de custo.

Evolução Histórica da Administração dos Custos Industriais

Inicialmente, os sistemas de alocação de custos eram baseados na utilização da mão de obra direta. Foram métodos criados em um momento histórico onde o trabalho era executado de forma artesanal e a mão de obra era responsável pela maior parte dos custos de produção.

A partir do momento em que os processos produtivos foram sendo automatizados, desenvolveram-se outros métodos que, além da mão de obra utilizada, também levavam em consideração os custos das horas de utilização do maquinário disponível. A origem desse tipo de sistema foi a fase inicial da Revolução Industrial.

O sistema de custo direto foi desenvolvido na Alemanha no início da década de 70, por Kilger e Plaut, e denominado de GPK (Grenzplankostenrechnung).

O método GPK se apoia em dois princípios básicos:

O ponto de fundamental importância para o cálculo do custo dos produtos é a criação de centros de custo que têm como objetivo propiciar um melhor acompanhamento do desempenho dos diversos processos produtivos.

O segundo ponto de sustentação do sistema é a classificação dos custos. Entende-se que os custos incorridos pelas empresas têm características diferentes, portanto devem ter tratamento diferenciado. Partindo desse princípio, os custos são divididos em fixos (aqueles que não variam proporcionalmente às variações no volume de produção e vendas) e variáveis (aqueles que variam proporcionalmente às variações no volume de produção e vendas).

Abc – *Activity Based Costing* – Custeio Baseado em Atividades

Nos sistemas tradicionais de custeio, os custos indiretos eram atribuídos aos produtos em forma de rateio, o que se justificava em razão de serem pouco significativos. Atualmente, com a mudança na estrutura desses custos, tornando bem mais difícil sua distribuição aos produtos, os métodos tradicionais de administração dos custos industriais ficaram prejudicados.

Em função das mudanças tecnológicas melhorarem os processos produtivos, além de diminuírem consideravelmente o contingente de trabalhadores, as despesas diretas passaram a ser menos representativas dentro da estrutura de custos das empresas. Por outro lado, as despesas indiretas passaram a ser o principal elemento na administração dos custos industriais.

Despesas Diretas São aquelas que incidem diretamente na fabricação de um produto. Como exemplo, temos a matéria-prima utilizada e a mão de obra empregada na execução do produto. Toda despesa direta é um custo variável.

Despesas Indiretas São todas as outras despesas incorridas pela empresa e que não incidem diretamente na fabricação do produto. Podem ser despesas fixas (Aluguel) ou despesas variáveis (comissão sobre vendas).

O custeio baseado nas atividades "ABC" parte do princípio que os custos são gerados não pelos produtos, mas sim pelas atividades desenvolvidas.

O método procura dimensionar o consumo e não os gastos. Portanto, os gastos deverão ser equacionados em função do consumo dos recursos. Para que isso aconteça, cada atividade deve ser identificada a fim de que, dessa forma, possa se quantificar o custo incorrido em cada uma delas.

O sistema de custeio "ABC" é mais eficiente nas empresas onde os custos indiretos têm grande representatividade no custo global, ou quando há grande diversidade de produtos exigindo diferentes processos produtivos. A grande vantagem na utilização do "ABC" é o melhor gerenciamento dos custos industriais, permitindo decisões mais adequadas.

Enquanto o sistema tradicional se apoia na tentativa de redução dos custos diretos, o "ABC" permite uma visualização nas perdas e desperdícios ocorridos nos custos indiretos, muitas vezes de grande relevância e que anteriormente ficavam ocultos.

Entretanto, como o sistema "ABC" necessita de um número muito grande de informações gerenciais, que por sua vez precisam ser extremamente detalhadas, somente empresas altamente informatizadas e de porte considerável conseguem viabilizar sua aplicação, pois muitas vezes o custo envolvido na coleta das informações não é compatível com os benefícios gerados.

O método consiste na separação dos gastos referentes a uma determinada atividade e na divisão do valor apurado pelo número de vezes que a atividade foi realizada.

Essa equação determina o custo unitário para a atividade, e é atribuído aos produtos de acordo com o número de vezes que a atividade foi realizada na fabricação desses produtos.

O objetivo é a apuração da quantidade dos recursos consumidos em cada etapa da atividade.

Toda vez que a atividade é realizada, todos os recursos utilizados (materiais, equipamentos, recursos de informática, mão de obra etc.) devem ser quantificados e alocados aos produtos fabricados.

Esse método permite um melhoramento contínuo na redução dos custos industriais, sobretudo nas despesas indiretas.

Para termos uma ideia exata da diferença existente entre os métodos de custeio apresentados no decorrer do capítulo, vamos analisar o estudo de caso da Cia. Grécia, uma empresa que fabrica três produtos: calculadoras eletrônicas, secadores de cabelos elétricos e vídeo games.

(Adaptado de *Gestão Estratégica de Negócios* – John Shank)

ESTUDO DE CASO – CIA. GRÉCIA

As informações disponíveis sobre a fabricação dos produtos são as seguintes:

Vídeo games
Matéria-prima – custo unitário ....R$ 60,00
Mão de obra direta ....R$ 30,00
Quantidade produzida e vendida............................ 30.000 unidades

Calculadoras
Matéria-prima – custo unitário ....R$ 90,00
Mão de obra direta ....R$ 20,00
Quantidade produzida e vendida............................ 45.000 unidades

Secador de cabelos
Matéria-prima – custo unitário ....R$ 30,00
Mão de obra direta ....R$ 15,00
Quantidade produzida e vendida............................ 15.000 unidades

Custos indiretos de produção
Departamento de recepção de materiais...................... R$ 600.000,00
Departamento de engenharia...............................R$ 1.700.000,00
Departamento de expedição...................... R$ 700.000,00
Departamento de embalagens.................................. R$ 800.000,00
Mão de obra indireta.. R$ 250.000,00
Total...**R$ 4.050.000,00**

A diretoria da empresa quer saber o custo real de fabricação de seus produtos e fixou como meta uma margem bruta de 35% sobre o preço de venda. A gerência financeira tem como incumbência calcular o preço de venda com a margem desejada e, além disso, verificar se esse preço é compatível com a demanda do mercado.

A análise foi feita pelo método de custeio tradicional e apresentou o seguinte resultado:

	Vídeo game	Calculadora	Secador
matéria-prima	60,00	90,00	30,00
mão de obra direta	30,00	20,00	15,00
custo indireto de fabricação 4.050.000,00 / 90.000	45,00	45,00	45,00
custo de fabricação	135,00	155,00	90,00
margem pretendida	**35%**	**35%**	**35%**
projeção do preço de venda	207,69	238.,46	138,46
preço real de mercado	207,69	221,43	200,00
margem real	**35%**	**30%**	**55%**

O estudo apresentado revelou que a venda de vídeo games poderia atingir plenamente a meta desejada de 35%. Entretanto, a venda das calculadoras daria uma margem um pouco menor, 30%, enquanto que os secadores podiam ser colocados no mercado com uma margem de 55%, bem acima da expectativa e mostrando que no caso de uma expansão nas vendas, os esforços deveriam concentrar-se nos secadores de cabelos elétricos.

Contudo, a diretoria, antes de uma decisão definitiva, solicitou que a apuração dos custos de fabricação dos produtos deveria ser feita pelo método de custeio "ABC", já que se tratava de produtos que utilizavam tecnologias diferenciadas.

Para o cálculo do custo no método proposto, fez-se necessária a obtenção de informações adicionais com relação aos custos indiretos de produção.

Custos Indiretos de Produção – (Utilização por Produto)			
	Vídeo game	Calculadora	Secador de cabelo
Mão de obra indireta	20%	30%	50%
Departamento de engenharia	10%	25%	65%
Departamento de expedição	25 lotes 12,5%	75 lotes 37,5%	100 lotes 50%
Departamento de embalagens	20%	30%	50%
Departamento de recepção De materiais	15%	15%	70%

Custos Indiretos de Fabricação Unitários			
Produção	Vídeo game 30.000 unidades	Calculadora 45.000 unidades	Secador de cabelo 15.000 unidades
Mão de obra indireta	20%	30%	50%
Custo unitário	1,67	1,67	8,33
Departamento de engenharia	10%	25%	65%
Custo unitário	5,67	9,44	73,67
Departamento de expedição	12,5%	37,5%	50%
Custo unitário	2,92	5,83	23,33
Departamento de embalagens	20%	30%	50%
Custo unitário	5,33	5,33	26,67
Departamento de recepção			
De materiais	15%	15%	70%
Custo unitário	3,00	2,00	28,00
Custo unitário total	**18,59**	**24,27**	**160,00**

O resultado final da análise pelo método de custeio "ABC" foi o seguinte:

	Vídeo game	Calculadora	Secador
matéria-prima	60,00	90,00	30,00
mão de obra direta	30,00	20,00	15,00
custo indireto de fabricação	18,59	24,27	160,00
custo de fabricação	108,59	134,27	205,00
margem pretendida	35%	35%	35%
projeção do preço de venda	167,06	206,57	315,38
preço real de mercado	207,69	221,43	200,00
margem real	**47,72%**	**39,36%**	**negativa**

Comparação dos Sistemas de Custeio Propostos à Cia. Grécia:

	Método tradicional	Método "ABC"
Vídeo game		
Custo unitário de fabricação	135,00	108,59
Preço de venda	207,69	207,69
Margem bruta	35%	47,72%
Calculadoras		
Custo unitário de fabricação	155,00	134,27
Preço de venda	221,43	221,43
Margem bruta	30%	39,36%
Secador de cabelos		
Custo unitário de fabricação	90,00	205.00
Preço de venda	200,00	200,00
Margem bruta	55%	negativa

O estudo da estrutura de custos de fabricação da Cia. Grécia, feito através do método "ABC", difere daquele apresentado pelo sistema de custeio tradicional (custo-volume-lucro).

Ao contrário do que se pensava, o secador de cabelos elétrico não é o produto mais rentável da empresa. Pelo contrário, trata-se de um produto que não oferece rentabilidade, pois tem uma margem negativa, fato este que ficou encoberto pela forma como os sistemas de custeio tradicionais tratam os custos indiretos.

O estudo de caso apresentado foi uma maneira simples de mostrar ao estudante as diferenças básicas entre os principais métodos de custeio hoje utilizados, sem, contudo, ter a pretensão de esgotar o assunto que é extremamente complexo.

A escolha de método de análise de custos a ser utilizado pela empresa deve ser de acordo com seu porte, sua área de atuação no contexto global, o diferencial tecnológico apresentado entre seus produtos e, sobretudo, o investimento possível nesse tipo de controle.

Lembramos que o custo de atividade controladora jamais deve exceder o da atividade controlada.

Capítulo 11

Alavancagem Operacional e Financeira

Temas em Discussão

- Grau de Alavancagem Operacional;
- Grau de Alavancagem Financeira.

11.1 – Introdução

O termo alavancagem tem como origem uma lei da física, segundo a qual uma determinada massa pode ser erguida através do auxílio de uma alavanca apoiada em um ponto fixo, originando um esforço muito menor do que se a massa fosse erguida diretamente.

11.2 – Alavancagem Operacional

Alavancagem operacional é o processo pelo qual a empresa consegue um aumento no lucro operacional através do incremento no volume de produção e vendas, desde que mantenha a mesma estrutura de custos fixos.

Isso é conseguido através da utilização dos custos fixos operacionais como redutor do custo unitário total, proporcionando um aumento nos lucros em volume mais que proporcional ao aumento obtido com o crescimento das vendas.

EXEMPLO:

Variação nas vendas	Situação atual	(+) 20%	(–) 20%
Receita de vendas (50.000 × $ 2,00)	100.000,00	120.000,00	80.000,00
(–) Custos variáveis (40%)	40.000,00	48.000,00	32.000,00
(–) Custos fixos	30.000,00	30.000,00	30.000,00
(=) Lucro operacional	30.000,00	42.000,00	18.000,00
Variação no lucro		(+) 40%	(–) 40%

Um aumento de 20% nas vendas provocou um aumento de 40% no lucro operacional. Da mesma forma, uma redução de 20% nas vendas resultou em um decréscimo de 40% nos lucros.

ALAVANCAGEM OPERACIONAL E FINANCEIRA

Muitas vezes, a empresa consegue transformar custos variáveis em custos fixos; neste caso, havendo um aumento no volume de vendas, o lucro obtido será proporcionalmente maior que o acréscimo nas vendas.

11.3 – Grau de Alavancagem Operacional

O grau de alavancagem operacional da empresa é um índice que mostra a variação dos lucros em função das vendas. Pode ser obtido através da equação:

$$GAO = \frac{\text{Variação \% no LAJIR}}{\text{Variação \% nas Vendas}}$$

Aplicando-se a equação no exemplo dado, obtém-se:

Aumento de 20% nas vendas

$$GAO = \frac{40\%}{20\%} \quad \mathbf{2}$$

Redução de 20% nas vendas

$$GAO = \frac{-40\%}{-20\%} \quad \mathbf{2}$$

Este índice pode ser interpretado da seguinte forma:

Mantendo a empresa a mesma estrutura de custos, para cada 1% de aumento no volume de vendas, haverá um acréscimo de 2% no seu lucro operacional.

Quanto mais perto o volume de vendas estiver do ponto de equilíbrio, maior será o seu grau de alavancagem operacional. Entretanto, o risco de ela operar com prejuízo aumenta consideravelmente.

No exemplo dado, verificamos que o ponto de equilíbrio é de $ 50.000,00.

$$RT = \frac{\$\ 30.000,00}{(\$\ 2,00 - \$\ 0,80) / \$\ 2,00} \quad \mathbf{\$\ 50.000,00}$$

Como sabemos, receita abaixo do ponto de equilíbrio provoca prejuízo. A empresa citada no exemplo não está correndo esse risco, pois mesmo na situação de um decréscimo de 20% nas vendas ($ 80.000,00), ela estará atuando acima do seu ponto de equilíbrio.

Esse fato indica que, quanto mais a empresa estiver acima do seu ponto de equilíbrio, menor será o seu risco e, consequentemente, menor será o seu grau de alavancagem operacional, menor será o seu lucro e vice-versa, como podemos visualizar no exemplo a seguir:

Demonstrativo de Resultado do Exercício			
Variação nas vendas		(+) 20%	(–) 20%
Receita de vendas			
30.000 unidades a $ 2,00	60.000,00	72.000,00	48.000,00
(–) Custos variáveis 40%	24.000,00	28.800,00	19.200,00
(–) Custos fixos			
Operacionais	30.000,00	30.000,00	30.000,00
Resultado	6.000,00	13.200,00	(–) 1.200,00
Variação no resultado		(+) 120%	(–) 120%

Ponto de Equilíbrio

$$RT = \frac{\$\ 30.000,00}{(\$\ 2,00 - \$\ 0,80) / \$\ 2,00} \qquad RT = \$\ 50.000,00$$

Grau de Alavancagem Operacional

Aumento de 20 % nas vendas	Redução de 20% nas vendas
$GAO = \dfrac{120}{20} = 6$	$GAO\ \dfrac{(-)120}{(-)20} = (-6)$

Neste exemplo, pelo fato de a empresa estar atuando perto do seu ponto de equilíbrio, quando houver um decréscimo nas vendas na ordem de 20%, ela estará incorrendo em prejuízo, pois o nível de vendas de $ 48.000,00 estará abaixo do seu ponto de equilíbrio, que é de $ 50.000,00.

Por outro lado, o grau de alavancagem operacional (GAO) passará para 6 indicando que para cada 1% de aumento no volume de vendas a empresa aumentará seus lucros em 6%, o que mostra claramente a relação entre o retorno a ser obtido e o risco envolvido.

ALAVANCAGEM OPERACIONAL E FINANCEIRA

Outra forma de se calcular o grau de alavancagem operacional da empresa é através da seguinte equação:

$$GAO = \frac{MCt}{MCt \; (-) \; CFt}$$

MCt = Margem de contribuição total
CFt = Custo fixo total

Vamos utilizar a nova proposta no estudo de caso a seguir:

ESTUDO DE CASO – CIA. SANTOS

Os analistas financeiros da Cia. Santos precisam determinar o grau de alavancagem operacional da empresa e, para isso, contam com as seguintes informações:

Vendas

Produto A 20.000 unidades – Preço: R$ 10,00 a unidade

Produto B 5.000 unidades – Preço: R$ 20,00 a unidade

Custos

Aluguel .... R$ 13.000,00

Matéria-prima – Produto A – Preço R$ 4,00 a unidade

Matéria-prima – Produto B – Preço R$ 10,00 a unidade

Salários administrativos mais encargos sociais .... R$ 27.000,00

Comissões – 5% do total das vendas

Impostos sobre o faturamento (média) – 15% do total das vendas

Honorários da diretoria .... R$ 8.000,00

Outros custos fixos .... R$ 3.000,00

RESOLUÇÃO

Vendas

Produto A (20.000 × 10,00) 200.000,00
Produto B (5.000 × 20,00) .... 100.000,00 ....300.000,00
Custos variáveis

Matéria-prima – Produto A (20.000 × 4,00)..... 80.000,00
Matéria-prima – Produto B (5.000 × 10,00)..... 50.000,00 ....130.000,00
Comissões (300.000,00 × 5) 15.000,00
Impostos sobre o faturamento (300.000,00 × 15%) 45.000,00
Total..190.000,00
Margem de contribuição 110.000,00
Custos fixos

Aluguel..13.000,00
Salários mais encargos sociais..27.000,00
Honorários da diretoria..12.000,00
Outros custos fixos.. 3.000,00
Total..55.000,00
Lucro operacional 55.000,00

$$GAO = \frac{110.000,00}{110.000,00 - 55.000,00}$$

GAO = 2

A Cia. Santos, dentro de sua atual estrutura de custos, tem um grau de alavancagem operacional de 2, o que indica que para cada 1% de eventual variação nas vendas, ocorrerá uma variação de 2% no seu lucro operacional.

O tema **Alavancagem Operacional** foi tratado no decorrer do capítulo com o propósito de mostrar que as oscilações nas vendas, fato comum nas empresas, provocam um impacto relevante na rentabilidade, desde que mantida a mesma estrutura de custos fixos.

ALAVANCAGEM OPERACIONAL E FINANCEIRA

Além disso, procuramos relacionar **Alavancagem Operacional** ao **Ponto de Equilíbrio das Operações**, deixando claro que quanto mais significativa a variação no volume de vendas, maior o grau de alavancagem operacional, e consequentemente muito maior a variação no lucro operacional. Fato este que, para empresas com volume de vendas decrescentes, o risco de operar com prejuízo é grande.

Trata-se, portanto, de um instrumento gerencial de controle da rentabilidade em função das variações ocorridas nas vendas.

11.4 – Alavancagem Financeira

É a capacidade de a empresa maximizar o retorno dos acionistas através da presença de encargos financeiros fixos, provenientes da utilização de recursos de terceiros, no financiamento de suas atividades.

A alavancagem financeira ocorre quando o aumento do lucro por ação é mais que proporcional ao aumento do lucro operacional.

EXEMPLO:

Variação		(+) 20%	(–) 20%
Lucro operacional	100.000,00	120.000,00	80.000,00
(–) Encargos financeiros fixos	43.000,00	43.000,00	43.000,00
Lucro antes do IR	57.000,00	77.000,00	37.000,00
(–) I-Renda (30%)	17.100,00	23.100,00	11.100,00
Lucro líquido	39.900,00	53.900,00	25.900,00
Lucro por ação (10.000 ações)	3,99	5,39	2,59
Variação		(+) 35%	(–) 35%

Observamos que um aumento de 20% no lucro operacional ocasionou um lucro por ação na ordem de 35%. Por outro lado, quando o lucro operacional diminui 20%, o efeito sobre o lucro por ação é o inverso, ou seja, diminui 35%.

11.5 – Grau de Alavancagem Financeira

O grau de alavancagem financeira é o índice que retrata a variação do lucro por ação em comparação ao lucro operacional. É obtido através da equação:

$$\text{GAF} = \frac{\text{Variação percentual no LPA}}{\text{Variação percentual no LAJIR}}$$

No nosso exemplo, podemos interpretar o índice da seguinte forma:

Aumento de 20% no lucro operacional	Redução de 20% no lucro operacional
$\text{GAF} = \dfrac{35\%}{20\%} \quad 1{,}75$	$\text{GAF} = \dfrac{(-)\,35\%}{(-)\,20\%} \quad 1{,}75$

Se a empresa mantiver o nível de encargos fixos, para cada 1% de aumento no lucro operacional, haverá um aumento de 1,75% no lucro por ação. Porém, para cada 1% de redução no lucro operacional, haverá uma diminuição no lucro por ação de 1,75%.

ESTUDO DE CASO – CIA. PARANÁ

A Cia. Paraná está esperando para o próximo exercício um incremento nas vendas na ordem de 30%.

A empresa também está pretendendo promover uma alteração em sua estrutura de custos com a finalidade de maximizar sua rentabilidade.

A mudança proposta seria a troca de parte de seus custos operacionais variáveis (eliminado a comissão sobre vendas) por custos operacionais fixos (aumentando o salário dos vendedores).

Os estudos mostraram os seguintes números:

Situação Atual

Vendas 20.000 unidades a $ 10,00

Custo variável (40%)

Custo operacional fixo $ 80.000,00

Situação Proposta

Vendas 20.000 unidades a $ 10,00

Custo variável (30%)

Custo operacional fixo $ 100.000,00

Incremento nas vendas (30%)

RESPOSTA

Situação Atual
Vendas 20.000 unidades a $ 10,00
Custo variável (40%)
Custo operacional fixo $ 80.000,00

Situação Proposta
Vendas 20.000 unidades a $ 10,00
Custo variável (30%)
Custo operacional fixo $ 100.000,00
Incremento nas vendas (30%)

Situação Atual (Demonstrativo de Resultado)		
Variação nas vendas		**(+) 30%**
Vendas	200.000,00	260.000,00
(–) Custo variável (40%)	80.000,00	104.000,00
(–) Custo operacional fixo	80.000,00	80.000,00
Lucro operacional	40.000,00	76.000,00
Variação no lucro		**(+) 90%**

Grau de Alavancagem Operacional

$$GAO = \frac{90\%}{30\%} \quad 3$$

Na situação atual, para cada 1% de acréscimo nas vendas, a empresa obterá 3% de aumento no lucro operacional.

Situação Proposta (Demonstrativo de Resultado)		
Variação nas vendas		**(+) 30%**
Vendas	200.000,00	260.000,00
(–) Custo variável (30%)	60.000,00	78.000,00
(–) Custo operacional fixo	100.000,00	100.000,00
Lucro operacional	40.000,00	82.000,00
Variação no lucro		**(+)105%**

Grau de Alavancagem Operacional

$$GAO = \frac{105\%}{30\%} = 3,5$$

Na situação proposta, através da utilização dos custos fixos operacionais como fator gerador de lucro, a empresa obterá um resultado melhor. Para cada 1% de aumento nas vendas, conseguirá 3,5% de aumento no lucro operacional.

ESTUDO DE CASO – CIA. PIAUÍ

A Cia. Piauí, uma empresa em fase de expansão, apresenta a seguinte situação:

- A projeção do lucro operacional para o próximo exercício é de $ 100.000,00.
- A empresa tem um empréstimo bancário no valor de $ 250.000,00, cujos juros correspondentes são de 10% ao ano.
- Estão distribuídas no mercado 4.900 ações preferenciais, com dividendo anual estipulado em $ 5,00 por ação.
- Possui ainda 10.000 ações ordinárias.

A empresa quer fazer um estudo para verificar o impacto de uma variação de 20% no lucro operacional (LAJIR) esperado sobre o lucro por ação (LPA).

RESPOSTA

Demonstrativo de Resultado			
Variação do lucro operacional		**(+) 20%**	**(−) 20%**
Lucro operacional	100.000,00	120.000,00	80.000,00
(−) Juros	25.000,00	25.000,00	25.000,00
Lucro antes do Imposto de Renda	75.000,00	95.000,00	55.000,00
(−) Imposto de Renda (30 %)	22.500,00	28.500,00	16.500,00
Lucro líquido	52.500,00	66.500,00	38.500,00
(−) Dividendos preferenciais	24.500,00	24.500,00	24.500,00
Lucro disponível p/acionistas	28.000,00	42.000,00	14.000,00
Lucro por ação	2,80	4,20	1,40
Variação no lucro por ação		**(+) 50 %**	**(−) 50%**

Grau de Alavancagem Financeira

$$GAF = \frac{50\%}{20} \quad 2,5$$

A Cia. Piauí obterá para cada 1% de variação no lucro operacional, 2,5% de variação no lucro por ação, utilizando assim os encargos fixos (juros e dividendos preferenciais) como forma de alavancar financeiramente a empresa.

Como podemos observar no exemplo, em função da dedução dos encargos financeiros fixos, o lucro teve uma redução. Entretanto, para gerar esse lucro, a empresa utilizou menos capital próprio, o que fez com que o retorno para os acionistas fosse maior, que é o que caracteriza a alavancagem financeira.

Para que fique claro a forma como a utilização de recursos financeiros de terceiros impactam os lucros da empresa, vamos utilizar o estudo de caso da Cia. Paris:

ESTUDO DE CASO: CIA. PARIS

A Cia. Paris, para iniciar o projeto de construção de sua nova fábrica, precisa investir R$ 5.000.000,00. As opções de financiamento são:

1ª Opção – Capital próprio R$ 5.000.000,00
2ª Opção – Capital próprio R$ 1.500.000,00

Capital de terceiros R$ 3.500.000,00 (Custo 12% ao ano)

Para efetuar a análise da opção que melhor vai atender aos interesses da empresa, e principalmente dos acionistas, vamos elaborar o Balanço Patrimonial e o Demonstrativo de Resultado das duas situações

Balanço Patrimonial com Utilização Somente de Recursos Próprios

Balanço Patrimonial 1ª Opção			
ATIVO		PASSIVO	
Ativo circulante	3.000.000,00	Exigível	0
Ativo permanente	2.000.000,00	Patrimônio líquido	5.000.000,00
TOTAL	5.000.000,00		5.000.000,00

Balanço Patrimonial com Utilização de Recursos Próprios e de Terceiros

Balanço Patrimonial 2ª Opção			
ATIVO		PASSIVO	
Ativo circulante	3.000.000,00	Exigível	3.500.000,00
Ativo permanente	2.000.000,00	Patrimônio líquido	1.500.000,00
TOTAL	5.000.000,00		5.000.000,00

ALAVANCAGEM OPERACIONAL E FINANCEIRA

Demonstrativo de Resultado – Capital Próprio	
Vendas	10.000.000,00
CMV	6.000.000,00
Lucro bruto	4.000.000,00
Despesas operacionais	3.200.000,00
Lucro operacional	800.000,00
Despesas financeiras	0
Lucro líquido	800.000,00

Demonstrativo de Resultado – Capital de Terceiros	
Vendas	10.000.000,00
CMV	6.000.000,00
Lucro bruto	4.000.000,00
Despesas operacionais	3.200.000,00
Lucro operacional	800.000,00
Despesas financeiras	420.000,00
Lucro líquido	380.000,00

Elaborados os demonstrativos, o próximo passo é calcular o retorno sobre o ativo e o patrimônio líquido.

Retorno s/ Patrimônio Líquido

$$RPL = \frac{Lucro}{Patrimônio\ líquido}$$

Recursos próprios

$$RPL = \frac{800.000,00}{5.000.000,00}\ \ 16\%$$

Recursos de terceiros

$$RPL = \frac{380.000,00}{1.500.000,00}\ \ 25,3\%$$

Retorno s/Ativo

$$RSA = \frac{\text{Lucro operacional}}{\text{Ativo total}}$$

$$RSA = \frac{800.000,00}{5.000.000,00} \quad 16\%$$

Feitos todos os cálculos, podemos apurar o Grau de Alavancagem Financeira proporcionado pelo financiamento dos ativos através de capital de terceiros **(Opção 2)**.

$$\text{Grau de Alavancagem Financeira} = \frac{\text{Retorno s/ patrimônio líquido}}{\text{Retorno sobre o ativo}}$$

$$GAF = \frac{RPL}{RSA}$$

$$GAF = \frac{25,3\%}{16\%} \quad \mathbf{1,58}$$

Para cada 1% de retorno sobre o ativo total, a empresa obteve um retorno sobre o seu capital próprio de 1,58%.

Ou, simplificando, o capital de terceiros está contribuindo para gerar um retorno adicional de 58% sobre o patrimônio líquido.

Com a alavancagem financeira, uma maior parcela de lucro sobra para os acionistas. Entretanto, quanto maior o endividamento da empresa, maior será seu risco financeiro.

Se houver uma redução nas vendas, afetando a rentabilidade, o pagamento da dívida pode ficar comprometido.

Além disso, como visto no início do capítulo, uma redução do lucro operacional, quase sempre motivado pela queda nas vendas, vai proporcionar um impacto negativo no lucro dos acionistas.

Capítulo 12

Planejamento Financeiro de Longo Prazo

Temas em Discussão

- Orçamento de Capital;
- Custo de Capital;
- Estrutura de Capital;
- Fontes de Financiamento de Longo Prazo.

12.1 – ORÇAMENTO DE CAPITAL

O orçamento de capital é elaborado com base nos projetos de investimento em ativo imobilizado, que geralmente, em função de sua natureza e características, demandam períodos longos e requerem aplicações de recursos financeiros em montantes significativos.

Os planos de longo prazo são de responsabilidade dos altos níveis hierárquicos e envolvem decisões cujo impacto sobre as atividades da empresa prolonga-se por mais de um exercício social. Além disso, depois de viabilizado o projeto, dificilmente a empresa pode modificar essa decisão no decorrer de sua implantação, pois os gastos fixos são muito elevados e, uma vez incorridos, só poderão ser recuperados através da utilização do ativo.

A finalidade desse planejamento é estabelecer diretrizes através das quais os objetivos financeiros possam ser atingidos, e isso compreende as seguintes etapas:

Posição dos objetivos financeiros a serem alcançados.
Análise de viabilidade dos projetos em relação à situação atual.
Medidas a serem adotadas para implementação do projeto.

Quando uma empresa elabora seu planejamento financeiro para um determinado período futuro, deve levar em conta alguns fatores como:

Quais as oportunidades de investimento disponíveis e apropriadas às necessidades da empresa.

De que forma a empresa pretende financiar esses investimentos, ou seja, qual o nível de endividamento a ser adotado.

Qual o retorno desejado pela empresa.

Os principais motivos para uma empresa fazer investimentos de capital são:

Expansão – O motivo mais usual é a expansão da capacidade operacional através da aquisição de ativos imobilizados.

Substituição – Outro motivo que faz com que uma empresa faça investimentos de capital é a necessidade de substituição de ativos gastos ou obsoletos. Quando um equipamento importante precisa ser consertado, é necessária uma avaliação do desembolso exigido para sua substituição. Além da avaliação dos gastos, a empresa deve também analisar os benefícios eventualmente gerados através dessa substituição.

Modernização – É uma alternativa aceitável que pode ser utilizada no lugar da substituição. Refere-se a modernizar ativos já existentes e inclui: reconstrução de equipamentos, recondicionamento de máquinas, adaptações nas instalações existentes etc.

Tipos de Projetos
Os tipos mais comuns de projetos são:

- **Projetos independentes**

São projetos cuja aceitação independe da aceitação ou rejeição de outros. Exemplo:

Projeto A – Compra de um novo sistema informatizado.
Projeto B – Aquisição de uma nova unidade fabril.

A empresa, havendo interesse e recursos, pode implementar os dois projetos.

- **Projetos mutuamente excludentes**

São aqueles que têm a mesma finalidade, sendo que a aceitação de um implica recusa do outro.

EXEMPLO:

Projeto A – Aumento e reforma das instalações.
Projeto B – Aquisição de uma nova fábrica.

A empresa pretende expandir suas atividades e precisa optar por ampliar as instalações já existentes ou adquirir uma nova unidade fabril.

- **Projetos economicamente dependentes**

Acontece quando a aceitação de um determinado projeto depende da implementação de outro complementar.

Exemplo: uma mudança tecnológica no processo produtivo precisa ser complementada com a ampliação do espaço produtivo.

12.2 – Métodos de Avaliação de Investimentos

Normalmente, uma decisão de investimento é tomada mediante a escolha dentre vários projetos apresentados, daquele que seja mais adequado às necessidades e condições da empresa. A escolha da alternativa mais viável depende de vários fatores:

- O tempo disponível para implantação do projeto pode influir na decisão. Se a empresa precisa substituir com urgência um equipamento de vital importância no processo produtivo, obviamente a análise de viabilidade será menos detalhada.
- A maior ou menor facilidade de manutenção e assistência técnica pode influenciar a escolha pelo investimento.
- A conjuntura econômica é outro fator considerável em um investimento de capital. Como os investimentos de longo prazo são decisões de difícil modificação, a tendência da evolução econômica como um todo pode determinar a escolha do projeto. Em economia altamente inflacionária e consequentemente instável, a empresa vai sempre optar por projetos de menor duração e que demandem menores investimentos.

- O fator mais importante a ser levado em consideração pelos administradores da empresa é o que se refere ao retorno financeiro esperado. Entre as várias alternativas disponíveis, a empresa sempre vai optar pela mais rentável.

Existem vários métodos para analisar economicamente um projeto de investimento, e enfocaremos aqui os mais utilizados.

Para ilustrar as técnicas de análise, usaremos o exemplo da Cia. Vera Cruz, uma indústria que está analisando dois projetos de investimento.

	Cia Vera Cruz	
	Projeto A	**Projeto B**
Investimento inicial	**500.000**	**550.000**
Entradas de caixa		
Ano 1	150.000	240.000
Ano 2	150.000	240.000
Ano 3	150.000	90.000
Ano 4	150.000	90.000
Ano 5	150.000	90.000
Total	**750.000**	**750.000**

12.2.1 – Período de *Payback*

Consiste no cálculo do período necessário para a empresa recuperar, através da geração dos fluxos de caixa, o investimento feito no projeto.

Analisando o exemplo da Cia. Vera Cruz, teremos:

PROJETO A
Investimento.. 500.000
Fluxos de caixa
1º Ano... 150.000
2º Ano... 150.000
3º Ano... 150.000
4º Ano...50.000....................... 500.000
Período de *Payback* 3 anos e 4 meses

PROJETO B
Investimento..550.000
Fluxos de caixa
1º Ano.. 240.000
2º Ano.. 240.000
3º Ano..70.000....................... 550.000
Período de *Payback* 2 anos e 9 meses

No presente caso, a preferência seria para o projeto B que apresenta o menor período para recuperação do investimento efetuado.

O período de *Payback* é muito utilizado como método de avaliação do nível de risco de um projeto de investimento. Quanto maior for o prazo para a empresa recuperar seu investimento, obviamente maior será o risco envolvido na decisão.

No exemplo dado, se a empresa definisse como dois anos o período máximo de retorno de seus investimentos, os dois projetos seriam rejeitados.

Falhas no Modelo

É um método muito simples, porém somente tem valor como instrumento de análise quando associado a outros métodos. Mostra somente o período de tempo no qual a empresa recupera o valor investido, não levando em consideração aspectos fundamentais como:

- Os retornos dos valores têm o mesmo tratamento, embora ocorram em períodos diferentes.
- Não considera os fluxos de caixa que ocorrem após o período de *Payback*.
- Não considera a vida útil do ativo no qual a empresa está investindo.

PAYBACK DESCONTADO

No cálculo do *Payback*, não levamos em consideração o valor do dinheiro no tempo para que o entendimento ficasse mais fácil. Porém, para obter uma maior precisão na análise, quando a empresa faz o cálculo do tempo de retorno do investimento, deve trazer a valor presente os fluxos de recursos esperados. No caso da Cia. Vera Cruz, considerando o custo de capital fixado pela empresa em 10% teríamos:

PROJETO A

Investimento **500.000**

	Entradas de Caixa	Valor Presente
Ano 1	150.000	136.364
Ano 2	150.000	123.967
Ano 3	150.000	112.697
Ano 4	150.000	102.452
Ano 5	39.489	<u>24.520</u> **500.000**

Período de *Payback* 4 anos, 3 meses e 4,79 dias

Explicação para o cálculo do 5º Ano.
▶ O valor presente é igual a R$ 24.520,00, que iguala o total dos retornos em R$ 500.000,00.
▶ Sabendo o valor presente, conseguimos apurar através da calculadora financeira o valor da entrada de caixa do ano 5 (valor futuro) – Ver capítulo 2, "O Valor do Dinheiro no Tempo"
▶ Calculando o valor futuro R$ 39.489,00, conseguimos saber o período de tempo do ano 5 que trará o retorno total do investimento. R$ 39.480,00 representa 26,33 % de R$ 90.000,00 (retorno total esperado no ano 5. Portanto, 26,33 % do número de dias do ano.
Ano comercial 360 dias X 26,33% = 94,79 dias ou seja, 3 meses e 4,79 dias.

PROJETO B

Investimento **550.000**

	Entradas de Caixa	Saídas de Caixa
Ano 1	240.000	218.182
Ano 2	240.000	198.347
Ano 3	90.000	67.618
Ano 4	90.000	61.471
Ano 5	7.057	4.382 .... **550.000**

Período de *Payback* 4 anos e 28 dias

A explicação para o cálculo do 4º Ano do Projeto B é idêntica a do Projeto A.

No presente caso, a preferência seria para o Projeto B que apresenta o menor período para recuperação do investimento efetuado.

O período de *Payback*, é muito utilizado como método de avaliação do nível de risco de um projeto de investimento. Quanto maior for o prazo para a empresa recuperar seu investimento obviamente, maior será o risco envolvido na decisão.

No exemplo dado, se a empresa definisse como dois anos o período máximo de retorno de seus investimentos, os dois projetos seriam rejeitados.

12.2.2 – Método do Valor Presente Líquido – VPL

É um método que leva em consideração o valor do dinheiro no tempo e tem como objetivo trazer a valor presente todos os fluxos de caixa que ocorram no decorrer do período. O objetivo é comparar valores na mesma data e facilitar a análise dos projetos de investimento.

No método do valor presente líquido, a empresa determina uma taxa mínima de retorno exigida, que geralmente corresponde ao seu custo de oportunidade. Ao trazer os valores dos fluxos de caixa futuros ao valor atual, descontando-os a essa taxa predeterminada, os projetos somente terão viabilidade econômica se as somas dos valores atuais das entradas de caixa forem maiores que as somas dos valores atuais das saídas de caixa.

Valor Presente

O conceito de valor presente, de uma forma bastante genérica, é mostrar quanto vale hoje um determinado montante a ser pago ou recebido em uma data futura. Isso pode ser feito através da seguinte equação:

$$VP = VF \left(\frac{1}{1+i} \right)^n$$

VP = Valor presente
VF = Valor futuro
I= Taxa de juros por período
N = Número de períodos

Projeto A (Taxa 10% ao ano)

Ano	Entradas de caixa	Valor Presente
Ano 1	150.000,00	
Ano 2	150.000,00	
Ano 3	150.000,00	
Ano 4	150.000,00	
Ano 5	150.000,00	568.618,02
(–)Investimento inicial		500.000,00
Valor presente líquido		**68.618,02**

Cálculo do Valor Presente (Projeto A)
(Usando a calculadora)

150.000	CHS	PMT
5		n
10		i
		PV **568.618,02**

Cálculo do Valor Presente Líquido (Projeto A)
(Usando a fórmula)

VP = 150.000 (1 / 1 + 0,10) + 150.000 (1 / 1 + 0,10)^2 +
 150.000 (1 / 1 + 0,10)^3 + 150.000 (1/ 1 + 0,10)^4 +
 150.000 (1/ 1 + 0,10)^5
VP = 568.618,02
VPL = 568.618,02 − 500.000,00
VPL = 68.618,02

Projeto B (Taxa 10% ao ano)

Ano	Entradas de caixa	Valor presente
Ano 1	240.000,00	218.182,00
Ano 2	240.000,00	198.347,00
Ano 3	90.000,00	67.618,00
Ano 4	90.000,00	61,472,00
Ano 5	90.000,00	55.882,00
		601.501,00
Investimento inicial		550.000,00
Valor presente líquido		**51,501,00**

Cálculo do Valor Presente Líquido − Projeto B
(Usando a fórmula)

VP = 240.000 (1/ 1 + 0,10) + 240.000 (1 / 1 + 0,10)^2 +
 90.000 (1 / 1 + 0,10)^3 + 90.000 (1 / 1 + 0,10)^4 +
 90.000 (1 / 1 + 0,10)^5
VP= 601.501,00
VPL= 601.501,00 − 550.000,00
VPL= 51.501,00

12.2.3 – Método da Taxa Interna de Retorno – TIR

Através deste método, os administradores calculam a taxa de retorno gerada pelo projeto de investimento. O método consiste no cálculo de uma taxa que faça com que a soma dos valores atuais de entradas de caixa seja exatamente igual à soma dos valores atuais das saídas de caixa. Se a taxa encontrada for superior à taxa determinada pela empresa, correspondente ao seu custo de oportunidade, o projeto será viável economicamente.

Fórmula da Taxa Interna de Retorno

$$VP = \frac{VF}{(1+i)^n}$$

Cálculo da Taxa Interna de Retorno – Projeto A

$$500.000 = \frac{150.000}{(1+i)} + \frac{150.000}{(1+i)^2} + \frac{150.000}{(1+i)^3} + \frac{150.000}{(1+i)^4} + \frac{150.000}{(1+i)^5}$$

Com o auxílio de uma calculadora financeira, obtém-se:

i = 15,24%

Cálculo da Taxa Interna de Retorno – Projeto A
(Com o uso de calculadora financeira)

500.000	CHS	G	CFO	Desembolso inicial
150.000		G	CFJ	
150.000		G	CFJ	
150.000		G	CFJ	Fluxos de Caixa intermediários
150.000		G	CFJ	
150.000		G	CFJ	
		F	IRR	**TIR = 15,24%**
10		i		Taxa de desconto
		F	NPV	**VPL = 68.618,00**

Com a utilização da calculadora financeira, conseguimos calcular os dois métodos: TIR e VPL.

Substituindo a taxa encontrada na fórmula teremos:

$$500.000 = \frac{150.000}{(1,1524)} + \frac{150.000}{(1,1524)^2} + \frac{150.000}{(1,1524)^3} + \frac{150.000}{(1,1524)^4} + \frac{150.000}{(1,1524)^5}$$

A taxa que iguala a saída de caixa com a soma das entradas de caixa é 15,24%

Cálculo da Taxa Interna de Retorno – Projeto B

$$550.000 = \frac{240.000}{(1+i)} + \frac{240.000}{(1+i)^2} + \frac{90.000}{(1+i)^3} + \frac{90.000}{(1+i)^4} + \frac{90.000}{(1+i)^5}$$

Com o auxílio de uma calculadora financeira, obtém-se i = 14,57%

Cálculo da Taxa Interna de Retorno – Projeto B
(Com o uso de calculadora financeira)

550.000	CHS	G	CFO	Desembolso inicial
240.000		G	CFJ	
240.000		G	CFJ	
90.000		G	CFJ	Fluxos de Caixa intermediários
90.000		G	CFJ	
90.000		G	CFJ	
		F	IRR	TIR = 14,57%
10		i		Taxa de desconto
		F	NPV	VPL = 51.501,00

PLANEJAMENTO FINANCEIRO DE LONGO PRAZO

> **Substituindo na fórmula, teremos:**
>
> $$550.000 = \frac{240.000}{(1,1457)} + \frac{240.000}{(1,1457)^2} + \frac{90.000}{(1,1457)^3} + \frac{90.000}{(1,1457)^4} + \frac{90.000}{(1,1457)^5}$$
>
> A taxa que iguala a saída de caixa com a soma das entradas de caixa é 14,57%.

No presente caso, a taxa de desconto correspondente ao custo de oportunidade da empresa foi estipulado em 10%, portanto, os dois projetos são viáveis, sendo que o projeto que teria a preferência seria o projeto A, que tem uma taxa de retorno maior.

Diferença entre a Taxa Interna de Retorno (TIR) e Valor Presente Líquido (VPL)

O método da Taxa Interna de Retorno (TIR) resulta na taxa de desconto que torna a soma dos valores atuais das entradas de caixa igual à soma dos valores atuais das saídas de caixa, enquanto que no método do Valor Presente Líquido (VPL), a empresa estipula uma taxa de desconto geralmente correspondente ao seu custo de oportunidade e aplica às entradas e saídas de caixa do investimento para chegar ao seu valor atual.

Analisando as alternativas de investimento da Cia. Vera Cruz sob os diferentes métodos, temos o seguinte quadro:

	Cia Vera Cruz	
	Projeto A	**Projeto B**
Payback	3 anos e 4 meses	2 anos e 9 meses
VPL (Taxa 10%)	$ 68.618,02	$ 51.501,00
TIR	15,24%	14,57%

12.3 – Fontes de Financiamento de Longo Prazo

Uma empresa pode financiar suas necessidades de recursos de longo prazo de duas maneiras: utilizando capital próprio ou capital de terceiros.

Recursos Próprios

- **Aportes de capital**

São os recursos fornecidos pelos proprietários da empresa. Esse fato geralmente acontece nas empresas de pequeno porte, que não têm acesso aos financiamentos de longo prazo oferecidos no mercado pelas instituições financeiras e, assim, os proprietários quando sentem a necessidade de expandir ou modernizar seus negócios, precisam dispor do seu patrimônio pessoal para financiar suas atividades.

Outra alternativa de a empresa aumentar seus recursos próprios seria a entrada de novos sócios, que injetariam o capital correspondente à sua participação na sociedade.

Outra possibilidade importante para a empresa expandir seus projetos através da entrada de novo capital é a fusão, união entre duas ou mais empresas com objetivo de obtenção de maior competitividade e participação no mercado.

- **Lucros obtidos na atividade operacional**

A política de utilização dos lucros auferidos no exercício de suas atividades é uma importante e significativa fonte interna de financiamento para as empresas.

> "No Brasil, 75% dos recursos próprios das empresas são provenientes da retenção dos lucros." (Sanvicente)

Entretanto, a decisão de reinvestir os lucros retidos deve levar em consideração o retorno destinado aos sócios ou acionistas.

Como o objetivo da administração financeira é maximizar a riqueza dos proprietários, seria aceitável que os lucros fossem a eles destinados, pois seria a forma de realização dos investimentos efetuados.

Todavia, a alocação dos lucros obtidos para novos investimentos pode projetar dividendos que superem a expectativa presente dos proprietários. Nesse caso, os lucros seriam reinvestidos na empresa e o objetivo de maximização da riqueza seria mantido através da perspectiva de um maior ganho em distribuições futuras.

No sentido de conseguir adequar esse tipo de decisão, a administração da empresa deve estabelecer regras que determinem a destinação do seu lucro líquido, ou seja, que parcela deve ser destinada a reinvestimento e que parcela deve ser destinada aos proprietários.

A política ideal procurada pelo administrador financeiro é aquela que proporcione um equilíbrio ótimo entre a retenção dos lucros e o pagamento dos dividendos.

- **Lançamento de ações no mercado de capitais**

O lançamento de ações no mercado de capitais representa uma fonte extremamente interessante de financiamento para as empresas.

Ações são títulos representativos do capital de uma empresa vendidos a pessoas físicas e jurídicas. Quando uma empresa abre seu capital na Bolsa de Valores, ela tem como objetivo captar recursos financeiros para expandir seus negócios.

Em nível mundial, observa-se que o processo de globalização resultou em um intenso intercâmbio entre os países, fazendo com que as Bolsas de Valores adquirissem uma importância crescente no cenário financeiro internacional. Isso fez com que os países em desenvolvimento, sobretudo o Brasil, abrissem suas economias na tentativa de receber investimentos externos, com o objetivo de desenvolver suas empresas e aumentar o nível de atividade econômica.

A globalização da economia provocou uma expansão sem precedentes no mercado mundial. As empresas, para ingressar ou permanecer nesse mercado altamente competitivo, necessitam investir constantemente na melhoria e expansão de suas atividades.

Ao contrário das pequenas empresas, nas grandes organizações que operam em vários países, a figura do proprietário que injetava recursos quando necessário praticamente não existe mais. É quase impossível um empreendimento moderno depender de investimentos isolados.

Por outro lado, somente os lucros gerados pelo exercício da atividade operacional são insuficientes para prover a empresa dos recursos necessários à sua modernização ou expansão.

Nesse cenário de extremas e aceleradas mudanças, temos a presença de um novo agente econômico: O ACIONISTA.

Os acionistas são pessoas e empresas que possuem poupanças e têm interesse em investir esses recursos financeiros em organizações, através da aquisição de ações, esperando ganhos maiores do que se aplicassem em outros ativos.

Mercado Primário e Mercado Secundário de Ações

É no mercado primário que são negociadas inicialmente as ações emitidas, que as empresas obtêm efetivamente os recursos necessários para o financiamento de seus projetos.

No mercado secundário, são feitas as negociações entre os compradores da emissão inicial (mercado primário) e os agentes interessados em ter participação acionária na empresa. Nesse mercado, os negócios são concluídos nas Bolsas de Valores.

Vale lembrar que o capital próprio tem um custo definido pela expectativa de retorno que os proprietários e acionistas pretendem obter através do projeto de investimento a ser implementado com os recursos.

Recursos de Terceiros
* **Instituições financeiras e governamentais**

São os recursos de longo prazo obtidos através de empréstimos junto às instituições financeiras que atuam no mercado de crédito.

No Brasil, devido à escassez de recursos de longo prazo oferecidos pelas instituições financeiras privadas, normalmente as empresas utilizam-se de agentes governamentais para obter os financiamentos, sendo o principal o BNDES – Banco Nacional de Desenvolvimento Econômico e Social. É também possível a obtenção dos recursos através das Caixas Econômicas e do Banco do Brasil.

Banco Nacional de Desenvolvimento Econômico e Social

O BNDES é uma instituição financeira governamental que tem como finalidade financiar projetos de empresas sediadas no país.

Os recursos são obtidos através do FAT – Fundo de amparo ao trabalhador, PIS-PASEP, Recursos externos, além de recursos do próprio BNDES, e são posteriormente repassados às empresas.

As empresas podem conseguir recursos diretamente do BNDES ou através de instituições financeiras credenciadas.

Os objetivos principais desse programa são:

* Expansão das atividades produtivas;
* Implantação de novas atividades produtivas;
* Financiamento de bens e serviços destinados à exportação;
* Financiamento de programas de capacitação tecnológica.

Dentre os principais instrumentos de financiamento utilizados pelo BNDES, destacamos:

Finame
Trata-se de financiamento de longo prazo destinado à compra de equipamentos de fabricação nacional, novos e sem limite de valor.

Finem – Financiamento a Empreendimentos
Financiamento de valor superior a R$ 10 milhões para realização de projetos de investimentos, visando a implantação, expansão da capacidade produtiva e modernização de empresas, incluída a aquisição de máquinas e equipamentos novos, de fabricação nacional, bem como a importação de maquinários novos, sem similar nacional.

* **Emissão de debêntures**

Outra modalidade que pode ser utilizada pelas empresas é a emissão de debêntures, títulos de cré- dito de longo prazo emitidos exclusivamente por sociedades anônimas, devendo conter o prazo de resgate, a forma de pagamento, os rendimentos a serem pagos etc.

As debêntures podem ser simples, ou seja, por ocasião do vencimento precisam ser pagas aos detentores dos títulos ou, conversíveis em ações, permitindo na época do vencimento a conversão do valor de resgate em ações da empresa.

A destinação dos recursos é financiar projetos de investimento ou, então, modificar o perfil do passivo da empresa, transformando parte das obrigações de curto prazo em obrigações de longo prazo.

Características das Debêntures

Somente podem ser emitidas por sociedades anônimas de capital aberto, que não sejam instituições financeiras.

O detentor da debênture não tem direito a participar dos lucros da empresa.

Tem data de vencimento estipulada que não pode ser inferior a um ano, e a remuneração é previamente estipulada.

O montante das debêntures emitidas por uma empresa não pode exceder o valor do seu capital próprio.

- **Contrato de arrendamento mercantil – *Leasing***

O *Leasing* consiste basicamente no arrendamento de um bem previamente adquirido ou fabricado pelo arrendador, conforme especificações do arrendatário, cabendo a este, ao final do contrato, as opções de adquiri-lo, devolvê-lo ou simplesmente renovar o contrato de arrendamento.

Os contratos são celebrados entre as partes e, obrigatoriamente, deverão conter o valor residual, ou seja, o valor que o arrendatário deverá pagar ao arrendador no caso de optar por adquirir o bem.

O prazo mínimo de arrendamento é de 24 meses para bens com vida útil de até cinco anos (veículos) e 36 meses para bens com vida útil acima de cinco anos (imóveis e equipamentos). A vida útil do bem é determinada pela sua depreciação.

12.4 – Estrutura e Custo de Capital

A estrutura de capital refere-se à combinação das fontes de financiamento utilizadas pela empresa, provenientes de capital próprio (Patrimônio Líquido) e capital de terceiros (Exigível). O administrador financeiro deve encontrar a composição adequada de capitais que ofereça aos proprietários e acionistas o retorno esperado e, ao mesmo tempo, maximize a riqueza da empresa.

A estrutura ótima de capital de uma empresa é fruto do equilíbrio entre custos e benefícios dos financiamentos obtidos. O custo do capital de terceiros é representado pelas taxas praticadas no mercado de capitais, enquanto que o custo do capital próprio é definido pela expectativa de retorno que os sócios ou acionistas pretendem obter através do projeto de investimentos a ser implementado com os recursos. Assim, o custo do capital próprio é o retorno mínimo exigido pelos proprietários em um dado investimento.

EXEMPLO:

A Cia. Santo André está estudando a possibilidade de viabilizar dois projetos de investimento, conforme informações a seguir:

PROJETO A (Capital de terceiros)

Investimento .... $ 800.000,00
Prazo .... 5 anos
Custo do financiamento 7%
TIR .... 11 %

PROJETO B (Capital próprio)

Investimento .... $ 800.000,00
Prazo .... 5 anos
Custo do financiamento 12%
TIR 11%

Apesar de os dois investimentos serem semelhantes, a empresa rejeitaria o Projeto B que tem um custo maior que a Taxa Interna de Retorno (TIR) e ficaria com o projeto A.

Entretanto, se a empresa tem interesse nos dois projetos, poderá viabilizá-los através da utilização de um custo médio ponderado, equilibrando a proporção utilizada de capital próprio e capital de terceiros.

	PROJETO A	PROJETO B
Investimento	$ 800.000,00	$ 800.000,00
Capital próprio (50%)		
Capital de terceiros (50%)		
Prazo	5 anos	5 anos
Custo (0,50 × 7%) + (0,50 × 12%)	9,5 %	9,5 %
TIR	11 %	11 %

Inter-relacionando as decisões de financiamento através de um *mix* de capital próprio e de terceiros, o administrador financeiro viabilizou a execução dos dois projetos que agora têm um custo menor que o retorno sobre o investimento.

Relação Risco-Rentabilidade

Como o custo do capital próprio é geralmente maior que o custo do capital de terceiros, a utilização dos financiamentos de terceiros, através dessa argumentação, é muito mais favorável em termos de retorno. Entretanto, os proprietários e acionistas, apesar de perseguirem a maior rentabilidade, não ficarão indiferentes ao endividamento crescente proveniente da utilização de capital de terceiros.

O administrador financeiro, ao definir a estrutura de capitais da empresa, deve estar atento ao fato de que a utilização de capitais de terceiros pode maximizar a rentabilidade esperada, todavia, aumentará o risco envolvido e consequentemente a taxa de retorno exigida pelos proprietários.

Criando Valor para a Empresa

Lucro Econômico

Conceito de lucro econômico: o lucro econômico ocorre toda vez que o retorno do capital investido é maior que o seu custo de oportunidade.

Uma empresa cria valor para seus proprietários ou acionistas quando consegue um resultado maior que suas expectativas de ganho (custo de oportunidade).

Custo de oportunidade: representa quanto a empresa deixou de ganhar ao escolher investir seus recursos em investimentos alternativos de risco semelhante.

12.5 – CMPC – Custo Médio Ponderado de Capital

As várias fontes de financiamento de longo prazo disponíveis à empresa apresentam características diversificadas:

- Prazo de pagamento;
- Montante dos recursos;
- Risco esperado pelos investidores etc.

A partir de uma composição entre as variáveis apresentadas nas diferentes modalidades, a empresa consegue encontrar um equilíbrio que viabilize seus projetos de investimento.

O custo total de capital pode ser definido como o conjunto dos custos financeiros de cada uma das modalidades de financiamento de longo prazo usadas pela empresa. É obtido através do CMPC – Custo Médio Ponderado de Capital, que é a média ponderada do montante de recursos e das taxas praticadas por cada uma das fontes de financiamento utilizadas, como poderemos ver nos exemplos a seguir:

ESTUDO DE CASO: CIA. TOCANTINS

A Cia Tocantins está investindo em um projeto de longo prazo e dispõe das seguintes fontes de financiamento:

Financiamento ao ano	Valor	Custo
Debêntures	R$ 3.000.000,00	12%
Ações preferenciais	R$ 1.500.000,00	18%
Empréstimos	R$ 3.500.000,00	14%
Capital próprio	R$ 2.000.000,00	20%
Total	R$ 10.000.000,00	

Qual o CMPC da Cia. Tocantins?

Resolução

Debêntures	$(2.000.000,00 \times 12\% / 10.000.000,00)$ =	2,4%
Ações preferenciais	$(1.500.000,00 \times 18\% / 10.000.000,00)$ =	2,7%
Empréstimos	$(3.500.000,00 \times 14\% / 10.000.000,00)$ =	4,9%
Capital próprio	$(3.000.000,00 \times 20\% / 10.000.000,00)$ =	6,0 %

CMPC – Custo Médio Ponderado de Capital do projeto

$$2,4\% + 2,7\% + 4,9\% + 6,0\% = 16\%$$

PLANEJAMENTO FINANCEIRO DE LONGO PRAZO

ESTUDO DE CASO: CIA. IPANEMA

A Cia, Ipanema necessita de R$ 15.000.000,00 para viabilizar a construção de sua nova fábrica e precisa calcular o CMPC do projeto. As fontes de financiamento a serem utilizadas são as seguintes:

- A empresa dispõe de recursos próprios no valor de R$ 1.250.000,00, cujo retorno esperado (custo de oportunidade) é de 15% ao ano;
- Conseguiu no BNDES um empréstimo no valor de R$ 2.320.000,00, com juros anuais de 10%;
- Será feito outro empréstimo junto ao sistema financeiro no valor de R$ 2.735.000,00, com juros de 14% ao ano;
- Os equipamentos necessários serão adquiridos através de um contrato de arrendamento mercantil – *Leasing* no valor de R$ 1.220.000,00, com juros de 12% ao ano;
- Será feito um lançamento de ações, no valor de 3.840.000,00, cujo retorno previsto para os acionistas é de 11,5% ao ano.
- A empresa lançará também debêntures no valor de R$ 3.635.000,00, com juros estipulados de 12,7% ao ano.

Resolução

Proprietários	(1.250.000,00 × 15% / 15.000.000,00)	=	1,25%
BNDES	(2.320.000,00 × 10% / 15.000.000,00)	=	1,55%
Empréstimos	(2.735.000,00 × 14% / 15.000.000,00)	=	2,55%
Leasing	(1.220.000,00 × 12% / 15.000.000,00)	=	0,98%
Ações	(3.840.000,00 × 11,5% / 15.000.000,00)	=	2,94%
Debêntures	(3.635.000,00 x 12,7% / 15.000.000,00)	=	3,08%

CMPC – Custo Médio Ponderado de Capital do projeto

1,25 + 1,55 + 2,55 + 0,98 + 2,94 + 3,08 = 12,35%

Nos exemplos apresentados, o CMPC – Custo Médio Ponderado de Capital serviu para definir, de forma muito simplificada, o custo dos projetos a serem implantados. Entretanto, é necessário que a empresa periodicamente, assim como procede com seus demonstrativos financeiros, elabore um demonstrativo de custo de capital, ferramenta essencial para as tomadas de decisões de longo prazo.

A seguir, vamos analisar o caso da Cia. Rio Preto para observarmos passo a passo os procedimentos para levantar o custo médio ponderado de capital da empresa.

ESTUDO DE CASO: CIA. RIO PRETO

A Cia. Rio Preto, antes de definir seus próximos projetos de longo prazo, precisa analisar seu atual custo e estrutura de capital. Para isso, precisa elaborar um demonstrativo para apurar o CMPC.

As informações disponíveis são as seguintes:

Cia Rio Preto – Balanço Patrimonial

ATIVO	
Circulante	18.725,00
Realizável em longo prazo	1.835,00
Permanente	56.380,00
TOTAL	76.940,00

PASSIVO	
Circulante	14.265,00
Exigível em longo prazo (empréstimos)	25.070,00
Patrimônio líquido	37.605,00
TOTAL	76.940,00

Cia Rio Preto – Demonstrativo de Resultado

Receita bruta	26.810,00
Deduções	18.020,00
Lucro operacional	8.790,00
Despesas financeiras	4.600,00
Lucro líquido	4.190,00

- Coeficiente beta..1,25
- Preço da ação da Cia. Rio Preto............................R$ 10,00
- Média do mercado de ações...................................R$ 8,00
- Taxa livre de risco..9,5%
- Taxa de risco do mercado..16,5%

Alguns dos conceitos acima, para melhor compreensão, detalharemos a seguir:

Coeficiente Beta

É o coeficiente que mede o risco de mercado de uma ação. Se a ação da empresa estiver valendo R$ 20,00 e a média do mercado (índice Bovespa, por exemplo) estiver em R$ 10,00, o Beta da ação será de 2.

Preço da ação / Preço médio do mercado   20,00 / 10,00 = 2

Taxa Livre de Risco

É a taxa de rentabilidade sobre títulos emitidos pelo Governo (como tem a garantia do Governo, é considerado sem risco).

Taxa de Risco do Mercado

É a diferença entre a rentabilidade dos títulos emitidos pelo governo e a média do mercado.

RESOLUÇÃO

1 – O primeiro passo para iniciar a análise é conhecer a atual estrutura de custos da empresa:

Capital próprio (Patrimônio líquido)
(+) Capital de terceiros (Passivo circulante (+) Exigível em longo prazo)
(=) Capital total (Estrutura de capital da empresa)

(Ver Balanço Patrimonial)

$$37.605,00 + 39.335,00 = 76.940,00$$

2 – Participação do Capital de Terceiros
Capital de terceiros / Capital total X 100

$$\frac{39.335,00}{76.940,00} \times 100 = 51,12\%$$

3 – Custo do Capital de Terceiros
Despesas financeiras / Empréstimos (Exigível em longo prazo) X 100

$$\frac{4.600,00}{25.070,00} \times 100 = 18,35\%$$

4 – Participação do Capital Próprio
Capital próprio / Capital total X 100

$$\frac{37.605,00}{76.940,00} \times 100 = 48,88\%$$

5 – Custo do Capital Próprio
Taxa livre de risco + {B X (Taxa de risco do mercado – Taxa livre de risco)}

$$9,5\% + \{1,25 \times (16,5\% - 9,5\%)\}$$
$$0,095 + \{0,0125 \times (0,165 - 0,095)\}$$
$$0,095 + \{0,0125 \times 0,070\}$$
$$0,095 + 0,00088$$
$$0,09588 \times 100 = 9,588\%$$

6 – CMPC – Custo Médio Ponderado de Capital
CMPC = (Participação de capital de terceiros X Custo do capital de terceiros) + (Participação do capital próprio X Custo do capital próprio)

$$(0,5112 \times 0,1835) + (0,4888 \times 0,09588)$$
$$0,0938 + 0,0469 = 0,1407$$
$$0,1407 \times 100 = 14,07\%$$

PLANEJAMENTO FINANCEIRO DE LONGO PRAZO

Considerando as informações apresentadas, o CMPC – Custo Médio Ponderado de Capital da Cia. Rio Preto é de 14,06% ao ano.

Conclusão:

O objetivo do estudo de caso foi apresentar, de forma simples e objetiva, uma demonstração do cálculo do CMPC – Custo Médio Ponderado de Capital. A apresentação foi feita com a mínima utilização de fórmulas, com o único objetivo de facilitar a compreensão dos estudantes.

Sabemos que o tema é complexo e pode ter inúmeros desdobramentos. Portanto, em nenhum momento a intenção foi esgotar o assunto.

Com relação a alguns conceitos apresentados, eles serão aprofundados no próximo capítulo, *Análise de Ações*.

ESTUDO DE CASO – CIA. RIO GRANDE DO NORTE

A Cia. Rio Grande do Norte tem hoje dois projetos de investimento em estudo e, em função da limitação de financiamentos, tem que se decidir pela implantação de apenas um deles.

Os estudos indicaram os seguintes números:

PROJETO A

Valor do projeto .... $ 900.000,00
Prazo .... 3 anos
TIR .... 18 %
Custo do financiamento
    Capital próprio .... $ 585.000,00 .... 20%
    Empréstimos .... $ 315.000,00 .... 12%

PROJETO B

Valor do projeto .... $ 1.250.000,00
Prazo .... 5 anos
TIR 18%
Custo do financiamento
    Capital próprio .... $ 400.000,00 .... 20%
    Empréstimos .... $ 850.000,00 .... 12%

RESPOSTA

> **PROJETO A**
> **Custo ponderado de capital**
>
> ($ 585.000,00 × 20% / $ 900.000,00) + ($ 315.000,00 × 12% / $ 900.000,00)
>
> 13 % + 4,2 % = 17,2 %
>
> Valor do projeto ....$ 900.000,00
> Prazo ....3 anos
> Custo do financiamento .... 17,2 %
> TIR .... 18 %
>
> **PROJETO B**
> **Custo ponderado de capital**
>
> ($ 400.000,00 × 20% / $ 1.250.000,00) + ($ 850.000,00 × 12% / $ 1.250.000,00)
>
> 6,4% + 8,16% = 14,56%
>
> Valor do projeto ....$ 1.250.000,00
> Prazo ....5 anos
> Custo do financiamento .... 14,56 %
> TIR .... 18 %

Analisando os dois projetos, o escolhido deve ser o B que tem uma rentabilidade maior em função do menor custo de financiamento. Entretanto, devemos lembrar que a empresa, no momento da opção, leva em conta também outros fatores, como o prazo de implantação do projeto e o valor a ser investido. E, nesse em particular, o projeto A leva vantagem, pois requer um financiamento 28% menor e tem um tempo de maturação 40% menor. A escolha de um projeto depende das peculiaridades de cada empresa, do risco que ela esteja disposta a correr e do retorno desejado. A utilização das diversas técnicas de análise tem o objetivo de orientar os administradores no sentido de que seja tomada a decisão mais adequada às necessidades e possibilidades da empresa.

Capítulo 13

Avaliação de Títulos de Longo Prazo – Análise de Ações

Temas em Discussão

- Avaliação de Ações;
- Modelo de Precificação de Ativos de Capital;
- Risco e Retorno de uma Carteira de Ativos;
- Coeficiente Beta.

13.1 – Introdução

A finalidade da inclusão deste capítulo é mostrar ao iniciante no estudo das finanças empresariais os mecanismos básicos dos investimentos em títulos de longo prazo.

O objetivo é apresentar os principais instrumentos de análise do mercado acionário de forma simples e acessível, possibilitando aos estudantes terem uma ideia geral das principais ferramentas atualmente utilizadas pelos analistas.

Uma empresa, para financiar suas atividades de longo prazo, tem a possibilidade de oferecer ao mercado títulos de propriedade através do lançamento de ações.

Esses títulos de propriedade são vendidos inicialmente no mercado primário e chegam aos investidores através das operações feitas pelos bancos de investimento a grupos de *underwriting*, que colocam os novos títulos em suas carteiras e posteriormente os revendem a um valor maior.

Os títulos vendidos pela empresa são negociados em uma segunda etapa nos mercados financeiros, compostos pelos mercados monetários que transacionam títulos de curto prazo e pelos mercados de capitais que transacionam títulos de longo prazo e ações.

Os mercados de capitais são os chamados mercados secundários, que realizam as operações de compra e venda entre os investidores e os detentores das ações.

No mercado secundário, as ações são transacionadas nas bolsas de valores e em leilões públicos, sendo que nesse momento todos os investidores interessados têm acesso aos negócios.

Com o lançamento das ações, a empresa cede parte do seu capital aos novos investidores.

As ações podem ser de dois tipos: preferenciais ou ordinárias.

Ações Preferenciais

São as ações que permitem aos portadores receberem dividendos antes dos portadores das ações ordinárias. Entretanto, os portadores dessas ações, apesar de terem investido na empresa, não participam das decisões, já que não têm direito a voto.

Ações Ordinárias

O portador desse tipo de ação recebe dividendos somente se a empresa obteve lucro que possa cobrir o valor dos dividendos. A administração da empresa pode, ainda, reinvestir o lucro em outros ativos, deixando de pagar os dividendos.

Na verdade, o que o investidor espera é a valorização futura da ação, quando poderá ser negociada a um preço mais alto, proporcionando ao investidor um ganho de capital. Os portadores das ações ordinárias participam das decisões da empresa através do voto.

AVALIAÇÃO DE TÍTULOS DE LONGO PRAZO – ANÁLISE DE AÇÕES

O objetivo do investidor quando faz a opção de adquirir ações de uma ou mais empresas é a maximização do valor dessas ações, e para isso, é necessária uma avaliação das principais variáveis que determinam o preço de uma ação: o risco e o retorno.

13.2 – CAPM – *Capital Asset Pricing Model* (Modelo de Precificação de Ativos de Capital)

Este modelo foi desenvolvido por Harry Markowitz e Willian F Sharpe com a finalidade de avaliar o risco e o retorno sobre uma carteira de ações. Com esse trabalho, receberam o prêmio Nobel em 1990.

A maioria dos investimentos em títulos de longo prazo não é feita em ativos isolados, mas sim em carteiras diversificadas.

Nos casos dos fundos de pensão, fundos mútuos ou fundos de investimentos mantidos por instituições financeiras, essa diversificação é exigida por dispositivo legal. E mesmo quando se trata de investidores individuais, por motivos de segurança, na maioria das vezes os investimentos são diversificados.

Isso acontece para que o patrimônio da empresa ou do indivíduo não fique comprometido e dependendo da rentabilidade de apenas um tipo de ativo.

Considerando esses fatos, chega-se à conclusão que se o valor de uma ação componente da carteira oscila, isso tem apenas uma importância relativa. O relevante a ser estudado é o risco e o retorno da carteira como um todo. A análise individual do ativo deve ser feita no sentido de se avaliar o seu impacto no total da carteira.

Retorno Esperado de uma Carteira de Ativos

O retorno esperado de uma carteira de ativos é igual à média ponderada dos retornos esperados, de todos os ativos que compõem a carteira.

EXEMPLO:

A Cia. Campinas espera o seguinte retorno sobre sua carteira de ações:

Títulos	Valor investido	% de participação na carteira	Retorno esperado
Empresa A	R$ 50.000,00	25%	16%
Empresa B	R$ 60.000,00	30%	13%
Empresa C	R$ 40.000,00	20%	18%
Empresa D	R$ 30.000,00	15%	20%
Empresa E	R$ 20.000,00	10%	15%
	R$ 200.000,00	100%	

$$K_c = (P_1 \times K_1) + (P_2 \times K_2) \ldots\ldots\ldots\ldots\ldots + (P_n + K_n)$$

Em que:

K_c = Retorno esperado da carteira;
P = Percentual da carteira investido na ação;
K = Retorno esperado sobre os títulos individuais.

K_c = (0,25 x 0,16 x 100) + (0,30 x 0,13 x 100) + (0,20 x 0,18 x 100)
    + (0,15 x 0,20 x 100) + (0,10 x 0,15 x 100)
K_c = 4,0% + 3,9% + 3,6% + 3,0% + 1,5%
K_c = 16 %

Portanto, o retorno esperado pela Cia. Campinas em sua carteira de ações é de 16%

Risco da Carteira
O fator de risco de uma carteira de títulos é fruto da combinação de títulos com graus variáveis de risco.

Coeficiente de Correlação
Mede o grau de relação entre os retornos esperados dos títulos. É uma indicação estatística do comportamento do risco e da rentabilidade de uma carteira de ações.

Para maior clareza, poderemos visualizar essa correlação nos exemplos a seguir:

Correlação Negativa Perfeita
Ocorre quando as variáveis sempre se movem com perfeito sincronismo em direções opostas, fazendo com que o risco da carteira possa ser reduzido.

Essas ações possuem retornos de sentido inverso, quando o retorno de uma delas cai, o da outra se eleva e vice-versa.

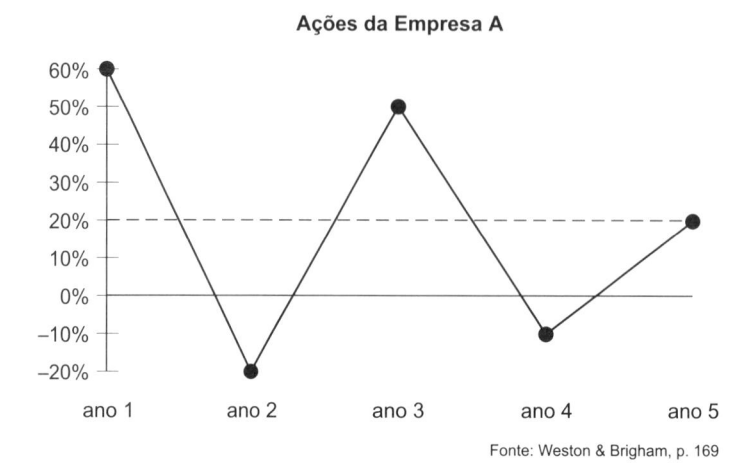

Ações da Empresa A

Fonte: Weston & Brigham, p. 169

AVALIAÇÃO DE TÍTULOS DE LONGO PRAZO – ANÁLISE DE AÇÕES

Ações da Empresa B

Fonte: Weston & Brigham, p. 169

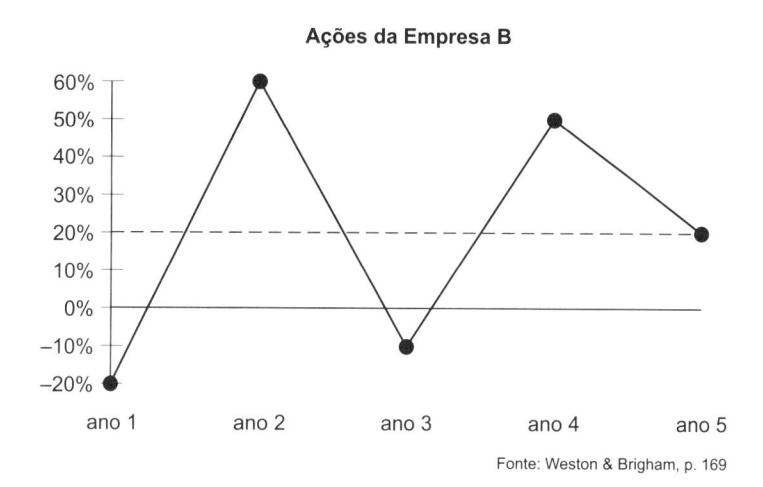

Período	Rentabilidade da Carteira		
	Ações da Empresa A	Ações da Empresa B	Carteira
Ano 1	60%	(–) 20%	20%
Ano 2	(–) 20%	60%	20%
Ano 3	50%	(–) 10%	20%
Ano 4	(–) 10%	50%	20%
Ano 5	20%	20%	20%
Retorno médio	20%	20%	20%
Desvio padrão	35,36%	35,36%	0

Correlação Positiva Perfeita

Ocorre quando as variáveis se movem na mesma direção. Nesse caso, a diversificação da carteira de ações não tem qualquer efeito sobre o risco.

EXEMPLO:

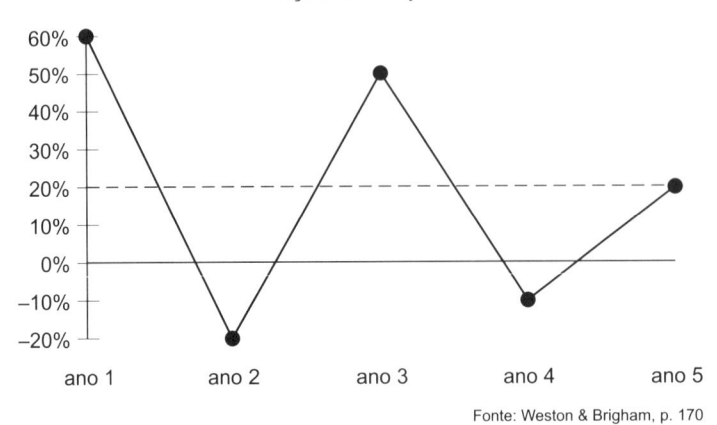

Ações da Empresa C

(gráfico: ano 1: 60%, ano 2: −20%, ano 3: 50%, ano 4: −10%, ano 5: 20%)

Fonte: Weston & Brigham, p. 170

Ações da Empresa D

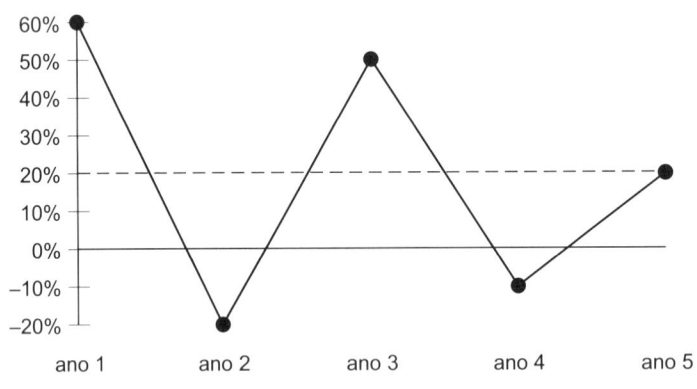

(gráfico: ano 1: 60%, ano 2: −20%, ano 3: 50%, ano 4: −10%, ano 5: 20%)

Fonte: Weston & Brigham, p. 170

Rentabilidade da Carteira			
Período	Ações da Empresa A	Ações da Empresa B	Carteira
Ano 1	60%	60%	60%
Ano 2	(−) 20%	(−) 20%	(−) 20%
Ano 3	50%	50%	50%
Ano 4	(−) 10%	(−) 10%	(−) 10%
Ano 5	20%	20%	20%
Retorno médio	20%	20%	20%
Desvio padrão	35,36%	35,36%	35,36%

Como podemos observar no exemplo, em alguns casos o risco pode ser minimizado e até eliminado, enquanto que em outros, mesmo com uma carteira diversificada, o fator risco não sofre qualquer alteração.

Entretanto, como regra geral, podemos dizer que quanto mais diversificada a carteira de títulos, menor é o risco.

O fator risco envolvido no investimento em ações pode ser dividido em:

Risco da empresa ou diversificável

(queda no volume de vendas, greves etc.)

O risco da empresa pode ser minimizado através da diversificação da carteira, pois como já foi visto, o mau desempenho de uma empresa pode ser compensado pelo bom desempenho de outra.

Risco do mercado ou não diversificável

(recessão, inflação, planos governamentais, elevadas taxas de juros etc.)

O risco de mercado normalmente afeta todos os títulos que compõem a carteira, não podendo ser eliminado com a diversificação.

13.3 – Coeficiente Beta

É um coeficiente que mede a volatilidade de uma ação em relação à média do mercado, ou seja, mede o risco de mercado. A média do mercado utilizada no cálculo normalmente é o índice da bolsa de valores, onde são negociadas as ações (Dow Jones, Bovespa etc.).

Uma ação é considerada arriscada quando ela oscila em proporções maiores que a média do mercado.

Por exemplo, se a ação da empresa "A" caiu 20% enquanto a média do mercado caiu 10%, essa ação tem um coeficiente beta de 2 (b = 2), ou seja, a ação é duas vezes mais volátil que a ação média. Portanto, constituindo um risco maior para o investidor.

Por outro lado, se a média do mercado aumentar em 10% e a ação se valorizar 20%, trará um retorno duas vezes maior.

Quando a ação possui beta igual a 1 (b = 1), significa que o risco e o retorno seguem a mesma trajetória que a média das ações do mercado.

Ações com beta inferior a 1 podem ser consideradas de baixo risco quando comparadas com o mercado, mas como o risco e o retorno estão sempre associados, a rentabilidade também será menor.

O coeficiente beta de uma carteira de títulos é representado pela média ponderada dos betas dos títulos que compõem a carteira.

EXEMPLO:

A Cia Marítima possui uma carteira de títulos e quer apurar, de acordo com as informações a seguir, o risco dessa carteira em relação ao mercado. Para isso, os analistas devem calcular o coeficiente beta da carteira.

Títulos	Retorno	Participação na carteira	Beta
Empresa A	16%	40%	1,5
Empresa B	10%	25%	1
Empresa C	14%	35%	0,5

RESOLUÇÃO:

$b_c = (1,5 \times 40\%) + (1,0 \times 25\%) + (0,5 \times 35\%)$
$b_c = 0,6 + 0,25 + 0,175$
$b_c = 1,025$

O beta da carteira é de 1,025, indicando que a tendência da carteira de títulos da Cia. Marítima é seguir a volatilidade do mercado.

Taxa de Retorno Livre de Risco

É a medida em função da rentabilidade sobre títulos do Tesouro Nacional. Os títulos emitidos pelo governo são considerados pelo mercado como livres de risco.

Prêmio de Risco do Mercado

É a diferença entre o retorno dos títulos do tesouro e a média do mercado.

EXEMPLO 1

Se a média do mercado tem um retorno de 16% e os títulos do tesouro um retorno de 11%, o prêmio de risco do mercado é de 5%.

$$PR_m = K_m - K_{sr}$$

Em que:

PR_m = Prêmio de risco do mercado.
K_m = Retorno do mercado.
K_{sd} = Retorno sem risco.

AVALIAÇÃO DE TÍTULOS DE LONGO PRAZO – ANÁLISE DE AÇÕES

PR_m = 16% – 11%
PR_m = 5%

O prêmio de risco do mercado representa o ganho adicional exigido pelo investidor para assumir o risco de mercado.

EXEMPLO 2

Considerando as informações abaixo, determine o prêmio pelo risco da ação da empresa e a taxa de retorno exigida pelo investidor.

Beta da empresa = 1,5;
Taxa de retorno livre de risco = 7%
Retorno médio do mercado = 13%

Prêmio pelo risco

$PR_m = (K_m - K_{sr}) \times b$
$PR_m = (13\% - 7\%) \times 1,5$
$PR_m = 6\% \times 1,5$ **PR_m = 9%**

Retorno exigido

$K_m = K_{sr} + (K_m - K_{sr}) \times b$
$K_m = 7\% + (13\% - 7\%) \times 1,5$
$K_m = 7\% + (6\% \times 1,5)$
$K_m = 7\% + 9\%$ **K_m = 16%**

Nesse caso, o investidor se interessará pela ação se o retorno esperado for a partir de 16%.

O retorno exigido para qualquer investimento pode ser expresso em termos gerais como:

Taxa exigida = Retorno livre de risco + Prêmio pelo risco

(J. Weston & Eugene F. Brigham)

ESTUDO DE CASO – CIA. SÃO PAULO

A Cia. São Paulo possui uma carteira de ações com as características descritas a seguir, sendo que o diretor da empresa quer saber qual o retorno esperado pela Cia. nessa carteira.

Títulos	Valor investido	% de participação na carteira	Retorno esperado
Empresa 1	R$ 320.000,00	20%	12%
Empresa 2	R$ 192.000,00	12%	9%
Empresa 3	R$ 368.000,00	23%	13%
Empresa 4	R$ 288.000,00	18%	10%
Empresa 5	R$ 272.000,00	17%	8%
Empresa 6	R$ 160.000,00	10%	12%
	R$ 1.600.000,00	100%	

RESOLUÇÃO:

$K_c = (0{,}20 \times 0{,}12 \times 100) + (0{,}12 \times 0{,}09 \times 100) + (0{,}23 \times 0{,}13 \times 100)$
$(0{,}18 \times 0{,}10 \times 100) + (0{,}17 \times 0{,}08 \times 100) + (0{,}10 \times 0{,}12 \times 100)$

$K_c = 2{,}4\% + 1{,}08\% + 2{,}99\% + 1{,}80\% + 1{,}36\% + 1{,}20\%$

$K_c = 10{,}83\%$

O retorno esperado da carteira é de 10,83%.

BIBLIOGRAFIA

ANTHONY, Robert N. ***Contabilidade Gerencial,* Introdução à Contabilidade**, São Paulo, Ed. Atlas, 1981.
ARCHER, Stephen. & D'Ambrosio, Charles A . ***Administração Financeira, Teoria e Aplicação***, São Paulo, Ed. Atlas, 1976.
BREALEY, Richard A. & Myers, Stewart C. ***Princípios de Finanças Empresariais***, 3ª edição, Lisboa, Ed. MCGraw-Hill, 1992.
CARMELITO, Ricardo – artigo: ***Conceitos básicos do MRP – Material Requirement Planning*** – 24/11/2008 – www.administradores.com.br.
COGAN, Samuel. ***Custos e Preços – Formação e Análise***, São Paulo, Ed. Pioneira, 1999.
CORRÊA, Henrique L. e outros. ***Planejamento e Controle da Produção***, 2ª edição, São Paulo, Ed. Atlas, 1999.
DI AGUSTINI, Carlos Alberto – ***Capital de Giro*** – Ed. Atlas – SP – 1999.
FLINK, Salomon J. & Grunewald, Donald. ***Administração Financeira***, Rio de Janeiro, Livros Técnicos e Científicos Editora, 1975.
GITMAN, Lawrence J. ***Princípios de Administração Financeira***, 7ª edição, São Paulo, Ed. Harbra, 1997.
HORNGREN, Charles T. ***Contabilidade de Custos***, São Paulo, Ed. Atlas, 1978.
IUDICÍBUS Sérgio e outros. ***Contabilidade Introdutória***, 9ª edição, São Paulo, Ed. Atlas, 1997.
JOHNSON, Robert W. ***Administração Financeira***, 5ª edição, São Paulo, Livraria Pioneira Editora, 1973.
KAPLAN, Robert S. & Cooper, Robin. ***Custo e Desempenho***, Ed. Futura, São Paulo, 1998.
LEITE, Hélio de Paula. ***Introdução à Administração Financeira***, 2ª edição, São Paulo, Ed. Atlas, 1981.
LUBBEN, Richard T. ***Just-in-Time, Uma Estratégia Avançada de Produção***, 2ª edição, São Paulo, Ed. McGraw-Hill, 1994.
MARTINS, Eliseu & Assaf Neto, Alexandre. ***Administração Financeira***, São Paulo, Ed. Atlas, 1993.
MARTINS, Eliseu. ***Contabilidade de Custos***, 4ª edição, São Paulo, Ed. Atlas, 1991.
MATARAZZO, Dante C. ***Análise Financeira de Balanços, Abordagem Básica***, 2ª edição, São Paulo, Ed. Atlas, 1992.

MONKS, Joseph G. *Administração da Produção*, São Paulo, Ed. Mc-Graw-Hill, 1987.

PAIVA, Carlos Alberto de Carvalho. *Administração de Risco de Crédito*, Ed. Quality Mark, São Paulo, 1997.

POZO, Hamilton – *Administração de Recursos Materiais e Patrimoniais* – Ed. Atlas – SP - 2001

ROSS, Stephen A. Westerfield, Randolf W. Jaffe, Jefrey F. *Administração Financeira*, 3ª edição, São Paulo, Ed. Atlas, 1995.

SANVICENTE, Antônio Zoratto. *Administração Financeira*, 3ª edição, São Paulo, Ed. Atlas, 1997.

TREUHERZ, Rolf M. *Análise Financeira por Objetivos*, 5ª edição, São Paulo, Ed. Pioneira, 1999.

VAN Horne, James C. *Política e Administração Financeira*, volumes 1 e 2, São Paulo, Ed. Universidade de São Paulo, 1975.

WELSCH, Glenn A. *Orçamento Empresarial*, 4ª edição, São Paulo, Ed. Atlas, 1996.

WESTON, J & Brigham, Eugene F. *Fundamentos da Administração Financeira*, 10ª Books, São Paulo, 2010.

ASSAF NETO, Alexandre. & Guasti Lima, Fabiano. *Curso de Administração Financeira,* Ed. Atlas, São Paulo, 2010.

ASSAF NETO, Alexandre, *Finanças Corporativas e Valor*, Ed. Atlas, São Paulo, 2003.

HOJI, Masakazu, *Administração Financeira*, Ed. Atlas, São Paulo, 1999.

BORNIA, Antonio Cezar, *Análise Gerencial de Custos*, Ed. Atlas, São Paulo, 2ª edição, 2009.

SDANOWICZ, José Eduardo, *Fluxo de Caixa*, 9ª edição. Ed. Sagra Luzzato, 2002.

QUALITYMARK EDITORA

Entre em sintonia com o mundo

Quality Phone:
0800-0263311
ligação gratuita

Qualitymark Editora
Rua Teixeira Júnior, 441 - São Cristóvão
20921-405 - Rio de Janeiro - RJ
Tel.: (21) 3295-9800
Fax: (21) 3295-9824
www.qualitymark.com.br
e-mail: quality@qualitymark.com.br

Dados Técnicos:

• Formato:	18 x 25 cm
• Mancha:	14 x 21 cm
• Fonte:	Bookman
• Corpo:	11
• Entrelinha:	13,5
• Total de Páginas:	236
• 3ª Edição:	2014
• Impressão:	Grupo SmartPrinter